Ivan Kouchnir

Économie des Îles Marshall

Série "Economie dans les pays"

première publication: 2020
dernière mise à jour: 2021-01-21

Ivan Kouchnir. Économie des Îles Marshall. Série "Economie dans les pays". - 2020. - 68 pages.

Ce livre sur l'économie des Îles Marshall des années 1970 aux années 2010. Données source provenant de UN Data.

Taille. Dans les années 2010, le PIB des Îles Marshall s'élevait à 195,4 millions de dollars par an; la valeur de l'agriculture était de 32,0 millions de dollars; la valeur de l'industrie était de 12,6 millions de dollars. Comme la part dans le monde était inférieure à 0,01%, le pays est classé en tant que micro-économie.

Productivité. Dans les années 2010, le produit intérieur brut par habitant était de 3 402,7 dollars; l'agriculture par habitant était de 557,6 dollars; l'industrie par habitant était de 220,0 dollars. Étant donné que la productivité est inférieure à la moyenne inférieure à la moyenne, l'économie est classée comme moins développée.

Croissance. Dans les années 2010, la croissance du produit intérieur brut était de 4,3%; la croissance de l'agriculture était de 5,0%; la croissance de l'industrie était de 11,5%.

Structure. Dans les années 2010, l'économie des Îles Marshall était composée des secteurs suivants: services (55,5%), commerce (25,9%), construction (12,2%), agriculture (9,7%), industrie (0,37%).

Exportation et importation. Dans les années 2010, les importations étaient supérieures de 93,1% aux exportations, les importations nettes représentant 45,6% du PIB. La structure technologique des exportations n'est pas meilleure que la structure des importations.

Consommation et reproduction. L'attitude de la reproduction vis-à-vis de la consommation n'est pas meilleure que la moyenne mondiale; ainsi la part du PIB dans le monde n'augmentera donc pas.

Série "Economie dans les pays": parallel.page.link/fr

© Ivan Kouchnir, 2020

Tous les droits sont réservés.

ISBN: 9798614141899

Contenu

Partie I. Taille	4
Chapitre I. Produit intérieur brut	5
Chapitre II. Valeur ajoutée	9
Chapitre III. Revenu national brut	13
Partie II. Structure	17
Chapitre IV. Agriculture	18
Chapitre V. Industrie	22
Chapitre 5.1. Fabrication	26
Chapitre VI. Construction	30
Chapitre VII. Transport	34
Chapitre VIII. Commerce	37
Chapitre IX. Services	41
Partie III. Relations extérieures	45
Chapitre X. Exportations	46
Chapitre XI. Importations	50
Partie IV. Consommation	55
Chapitre XII. Dépenses publiques	56
Chapitre XIII. Dépenses ménagères	60
Partie V. Reproduction	64
Chapitre XIV. Formation de capital fixe	65

Partie I. Taille

	Les années 2010
PIB	195,4 millions de dollars
Partager dans le monde	0,0003%
Partager en Océanie	0,012%
Partager en Micronésie	18,1%

Chapitre I. Produit intérieur brut

Le PIB des Îles Marshall est passé de 15,9 millions de dollars par an dans les années 1970 à 195,4 millions de dollars par an dans les années 2010, c'est-à-dire 179,5 millions de dollars ou de 12,3 fois. La variation a été de 143,6 millions de dollars en raison de l'augmentation de 3,8 fois des prix, et de 15,3 millions de dollars en raison de la croissance de productivité de 1,4 fois, et de 20,7 millions de dollars en raison de la croissance démographique. La croissance annuelle moyenne du produit intérieur brut était de 3,7%. La valeur minimale était de 8,5 millions de dollars en 1970. La valeur maximale était de 237,4 millions de dollars en 2019.

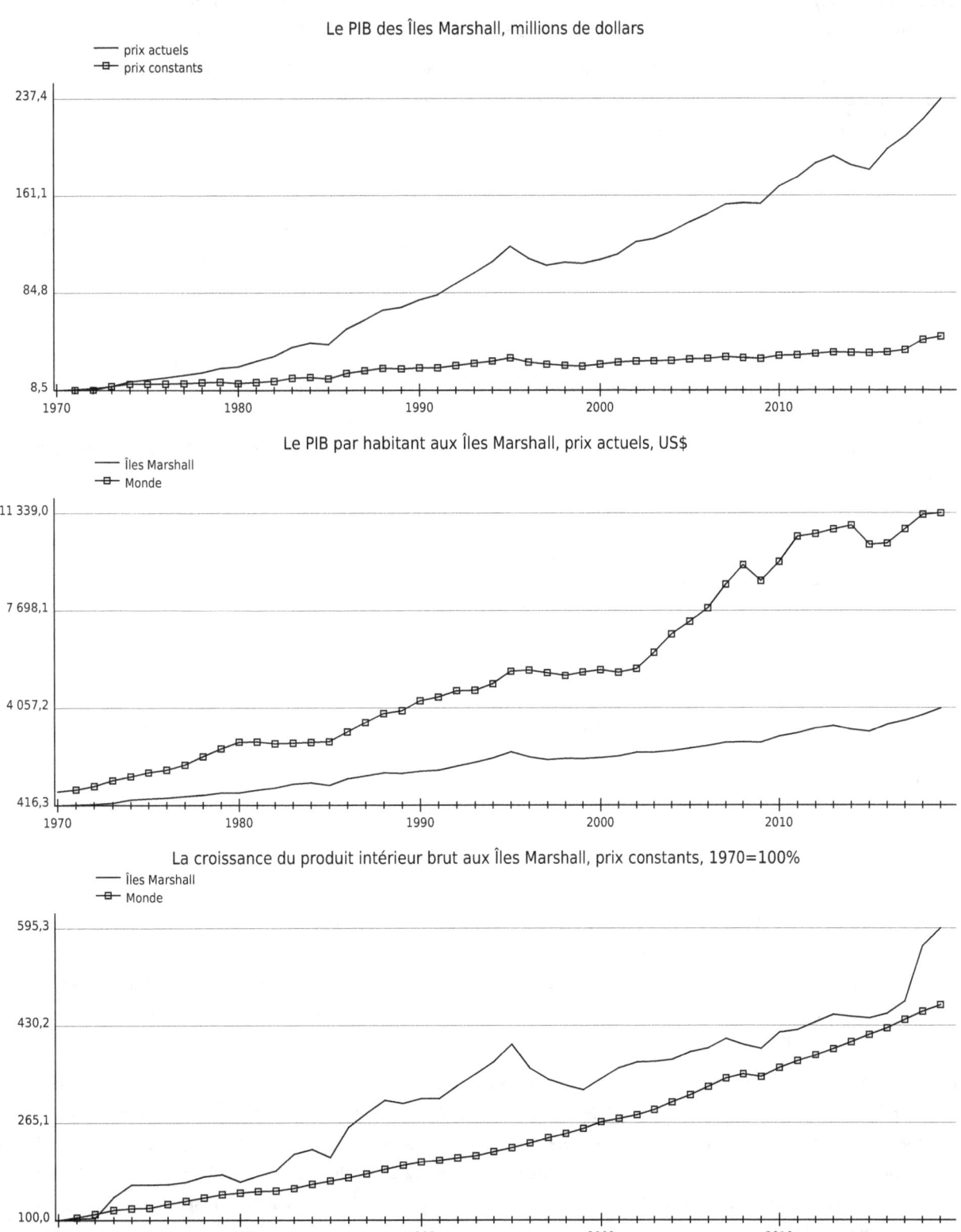

Les années 1970

Le PIB des Îles Marshall était de 15,9 millions de dollars par an dans les années 1970, se classant au 180ème rang mondial. La part dans le monde était de 0,0002% et de 0,014% en Océanie.

Le produit intérieur brut des Îles Marshall était constitué des dépenses ménagères (75,4%), des dépenses publiques (62,8%) et de la formation de capital (15,1%).

Le PIB par habitant aux Îles Marshall était de 636 dollars dans les années 1970, au 117ème rang mondial, à égalité avec l'Irak (639,8 de dollars), le Paraguay (645,9 de dollars), le Pérou (647,1 de dollars). Le PIB par habitant aux Îles Marshall était 2,5 fois inférieur le produit intérieur brut par habitant au Monde (1 620,8 US$), et 8,5 fois inférieur le PIB par habitant en Océanie (5 398,2 US$).

La croissance du produit intérieur brut aux Îles Marshall était de 6.6% dans les années 1970, se situant au 41ème rang mondial, à égalité avec la Grenade (6,5%), Micronésie (6,6%). La croissance du PIB aux Îles Marshall (6,6%) a été supérieure à celle du monde (4,1%), et supérieure à celle de l'Océanie (2,8%).

Comparaison avec les voisins. Le PIB des Îles Marshall était inférieur à celui des Kiribati (50,8 millions de dollars), des États fédérés de Micronésie (42,6 millions de dollars) et de Nauru (28,8 millions de dollars). Le produit intérieur brut par habitant aux Îles Marshall était inférieur à celui de Nauru (4 058,9 de dollars), des Kiribati (926,9 de dollars) et des États fédérés de Micronésie (662,9 de dollars). La croissance du produit intérieur brut aux Îles Marshall était supérieure à celle des États fédérés de Micronésie (6,6%), des Kiribati (2,6%) et de Nauru (0,32%).

Comparaison avec les leaders. Le produit intérieur brut des Îles Marshall était inférieur à celui des États-Unis (1,7 billions de dollars), de l'URSS (649,4 milliards de dollars), du Japon (558,0 milliards de dollars), de l'Allemagne (484,2 milliards de dollars) et de la France (333,2 milliards de dollars). Le produit intérieur brut par habitant aux Îles Marshall était inférieur à celui des États-Unis (7 838,7 de dollars), de la France (6 214,9 de dollars), de l'Allemagne (6 148,9 de dollars), du Japon (5 011,3 de dollars) et de l'URSS (2 574,9 de dollars). La croissance du PIB aux Îles Marshall était supérieure à celle de l'URSS (4,8%), du Japon (4,6%), de la France (3,9%), des États-Unis (3,5%) et de l'Allemagne (3,1%).

Les années 1980

Le produit intérieur brut des Îles Marshall était de 49,0 millions de dollars par an dans les années 1980, se situant au 178ème rang mondial. La part dans le monde était de 0,0003% et de 0,019% en Océanie.

Le produit intérieur brut des Îles Marshall était constitué des dépenses ménagères (76,2%), des dépenses publiques (55,0%) et de la formation de capital (20,0%).

Le PIB par habitant aux Îles Marshall était de 1297.8 dollars dans les années 1980, se situant au 102ème rang mondial, à égalité avec le Liban (1 293,6 de dollars), Saint-Vincent-et-les-Grenadines (1 292,1 de dollars), l'Afrique de l'Ouest (1 304,2 de dollars). Le produit intérieur brut par habitant aux Îles Marshall était 2,4 fois inférieur le PIB par habitant au Monde (3 123,4 US$), et 8,0 fois inférieur le produit intérieur brut par habitant en Océanie (10 390,7 US$).

La croissance du produit intérieur brut aux Îles Marshall était de 5.3% dans les années 1980, se situant au 32ème rang mondial, à égalité avec la Polynésie française (5,3%), l'Asie du Sud-Est (5,3%). La croissance du PIB aux Îles Marshall (5,3%) a été supérieure à celle du monde (3,0%), et supérieure à celle de l'Océanie (3,1%).

Comparaison avec les voisins. Le produit intérieur brut des Îles Marshall était supérieur à celui de Nauru (40,2 millions de dollars) et des Kiribati (36,7 millions de dollars); mais inférieur à celui des ÉFM (104,6 millions de dollars). Le produit intérieur brut par habitant aux Îles Marshall était supérieur à celui des ÉFM (1 245,9 de dollars) et des Kiribati (571,4 de dollars); mais inférieur à celui de Nauru (4 756,1 de dollars). La croissance du PIB aux Îles Marshall était supérieure à celle des États fédérés de Micronésie (2,9%), de Nauru (-2,8%) et des Kiribati (-5,3%).

Comparaison avec les leaders. Le produit intérieur brut des Îles Marshall était inférieur à celui des États-Unis (4,2 billions de dollars), du Japon (1,8 billions de dollars), de l'Allemagne (990,0 milliards de dollars), de l'URSS (887,0 milliards de dollars) et de la France (729,5 milliards de dollars). Le PIB par habitant aux Îles Marshall était inférieur à celui des États-Unis (17 427,1 de dollars), du Japon (14 970,9 de dollars), de la France (12 907,5 de dollars), de l'Allemagne (12 688,8 de dollars) et de l'URSS (3 222,9 de dollars). La croissance du produit intérieur brut aux Îles Marshall était supérieure à celle de l'URSS (4,3%), du Japon (4,3%), des États-Unis (3,1%), de la France (2,3%) et de l'Allemagne (1,9%).

Chapitre I. Produit intérieur brut

Les années 1990

Le produit intérieur brut des Îles Marshall était de 102,0 millions de dollars par an dans les années 1990, au 202ème rang mondial à égalité avec Sao Tomé-et-Principe (100,7 millions de dollars). La part dans le monde était de 0,0004% et de 0,023% en Océanie.

Le produit intérieur brut des Îles Marshall était constitué des dépenses ménagères (74,6%), des dépenses publiques (58,1%) et de la formation de capital (20,1%).

Le PIB par habitant aux Îles Marshall était de 2051.8 dollars dans les années 1990, se classant au 104ème rang mondial, à égalité avec les Tonga (2 052,0 de dollars), la Tunisie (2 054,5 de dollars). Le PIB par habitant aux Îles Marshall était 2,4 fois inférieur le PIB par habitant au Monde (5 020,1 US$), et 7,5 fois inférieur le PIB par habitant en Océanie (15 413,2 US$).

La croissance du produit intérieur brut aux Îles Marshall était de 0.7% dans les années 1990, se situant au 166ème rang mondial. La croissance du produit intérieur brut aux Îles Marshall (0,74%) a été inférieure à celle du monde (2,8%), et inférieure à celle de l'Océanie (3,3%).

Comparaison avec les voisins. Le PIB des Îles Marshall était supérieur à celui des Kiribati (56,2 millions de dollars) et de Nauru (35,9 millions de dollars); mais inférieur à celui des États fédérés de Micronésie (203,1 millions de dollars). Le PIB par habitant aux Îles Marshall était supérieur à celui des ÉFM (1 940,0 de dollars) et des Kiribati (726,0 de dollars); mais inférieur à celui de Nauru (3 484,3 de dollars). La croissance du PIB aux Îles Marshall était supérieure à celle de Nauru (-10,7%); mais inférieure à celle des États fédérés de Micronésie (2,1%) et des Kiribati (1,9%).

Comparaison avec les leaders. Le PIB des Îles Marshall était inférieur à celui des États-Unis (7,6 billions de dollars), du Japon (4,3 billions de dollars), de l'Allemagne (2,2 billions de dollars), de la France (1,4 billions de dollars) et du Royaume-Uni (1,3 billions de dollars). Le produit intérieur brut par habitant aux Îles Marshall était inférieur à celui du Japon (34 325,0 de dollars), des États-Unis (28 654,0 de dollars), de l'Allemagne (27 003,8 de dollars), de la France (24 100,9 de dollars) et du Royaume-Uni (22 920,4 de dollars). La croissance du produit intérieur brut aux Îles Marshall était inférieure à celle des États-Unis (3,2%), du Royaume-Uni (2,3%), de l'Allemagne (2,2%), de la France (2,0%) et du Japon (1,5%).

Les années 2000

Le produit intérieur brut des Îles Marshall était de 136,3 millions de dollars par an dans les années 2000, se classant au 205ème rang mondial. La part dans le monde était de 0,0003% et de 0,016% en Océanie.

Le produit intérieur brut des Îles Marshall était constitué des dépenses ménagères (74,0%), des dépenses publiques (58,6%) et de la formation de capital (23,1%).

Le produit intérieur brut par habitant aux Îles Marshall était de 2514 dollars dans les années 2000, se classant au 121ème rang mondial, à égalité avec l'Albanie (2 504,6 de dollars), les Tonga (2 478,0 de dollars), la Jordanie (2 468,2 de dollars). Le PIB par habitant aux Îles Marshall était 2,9 fois inférieur le PIB par habitant au Monde (7 176,3 US$), et 9,9 fois inférieur le PIB par habitant en Océanie (24 984,1 US$).

La croissance du produit intérieur brut aux Îles Marshall était de 2% dans les années 2000, au 162ème rang mondial, à égalité avec la Guinée-Bissau (2,0%), Sainte-Lucie (2,0%), l'Irak (2,0%). La croissance du PIB aux Îles Marshall (2,0%) a été inférieure à celle du monde (3,0%), et inférieure à celle de l'Océanie (3,0%).

Comparaison avec les voisins. Le produit intérieur brut des Îles Marshall était supérieur à celui des Kiribati (103,9 millions de dollars) et de Nauru (28,2 millions de dollars); mais inférieur à celui des États fédérés de Micronésie (250,4 millions de dollars). Le PIB par habitant aux Îles Marshall était supérieur à celui des ÉFM (2 368,0 de dollars) et des Kiribati (1 129,3 de dollars); mais inférieur à celui de Nauru (2 824,2 de dollars). La croissance du produit intérieur brut aux Îles Marshall était supérieure à celle des Kiribati (1,5%), des États fédérés de Micronésie (0,44%) et de Nauru (-1,6%).

Comparaison avec les leaders. Le PIB des Îles Marshall était inférieur à celui des États-Unis (12,6 billions de dollars), du Japon (4,7 billions de dollars), de l'Allemagne (2,8 billions de dollars), de la Chine (2,6 billions de dollars) et du Royaume-Uni (2,3 billions de dollars). Le PIB par habitant aux Îles Marshall était supérieur à celui de la Chine (1 954,1 de dollars); mais inférieur à celui des États-Unis (42 841,2 de dollars), du Royaume-Uni (38 399,3 de dollars), du Japon (36 386,2 de dollars) et de l'Allemagne (33 966,8 de dollars). La croissance du PIB aux Îles Marshall était supérieure à celle des États-Unis (1,9%), du Royaume-Uni (1,7%), de l'Allemagne (0,73%) et du Japon (0,50%); mais inférieure à celle de la Chine (10,3%).

Les années 2010

Le produit intérieur brut des Îles Marshall était de 195,4 millions de dollars par an dans les années 2010, se situant au 207ème rang mondial. La part dans le monde était de 0,0003% et de 0,012% en Océanie.

Le PIB des Îles Marshall était constitué des dépenses ménagères (72,3%), des dépenses publiques (55,2%) et de la formation de capital (22,0%).

Le produit intérieur brut par habitant aux Îles Marshall était de 3402.7 dollars dans les années 2010, se situant au 140ème rang mondial, à égalité avec le Cap-Vert (3 446,2 de dollars). Le PIB par habitant aux Îles Marshall était 3,1 fois inférieur le produit intérieur brut par habitant au Monde (10 603,1 US$), et 12,4 fois inférieur le produit intérieur brut par habitant en Océanie (42 253,4 US$).

La croissance du PIB aux Îles Marshall était de 4.3% dans les années 2010, se situant au 65ème rang mondial, à égalité avec le Maroc (4,3%). La croissance du PIB aux Îles Marshall (4,3%) a été supérieure à celle du monde (3,1%), et supérieure à celle de l'Océanie (2,5%).

Comparaison avec les voisins. Le PIB des Îles Marshall était 7,3% supérieur à celui des Kiribati (182,2 millions de dollars) et 71,2% supérieur à celui de Nauru (114,1 millions de dollars); mais 42,6% inférieur à celui des États fédérés de Micronésie (340,4 millions de dollars). Le produit intérieur brut par habitant aux Îles Marshall était 8,1% supérieur à celui des ÉFM (3 147,9 de dollars) et 2,1 fois supérieur à celui des Kiribati (1 652,3 de dollars); mais 3,2 fois inférieur à celui de Nauru (11 017,1 de dollars). La croissance du produit intérieur brut aux Îles Marshall était supérieure à celle des Kiribati (2,9%) et des États fédérés de Micronésie (0,69%); mais inférieure à celle de Nauru (10,6%).

Comparaison avec les leaders. Le PIB des Îles Marshall était 91 938,8 fois inférieur à celui des États-Unis (18,0 billions de dollars), 53 776,7 fois inférieur à celui de la Chine (10,5 billions de dollars), 26 761,9 fois inférieur à celui du Japon (5,2 billions de dollars), 18 742,5 fois inférieur à celui de l'Allemagne (3,7 billions de dollars) et 14 161,5 fois inférieur à celui du Royaume-Uni (2,8 billions de dollars). Le produit intérieur brut par habitant aux Îles Marshall était 16,5 fois inférieur à celui des États-Unis (56 220,1 de dollars), 13,1 fois inférieur à celui de l'Allemagne (44 732,1 de dollars), 12,4 fois inférieur à celui du Royaume-Uni (42 176,3 de dollars), 12,0 fois inférieur à celui du Japon (40 869,8 de dollars) et 2,2 fois inférieur à celui de la Chine (7 491,3 de dollars). La croissance du produit intérieur brut aux Îles Marshall était supérieure à celle des États-Unis (2,3%), de l'Allemagne (1,9%), du Royaume-Uni (1,8%) et du Japon (1,3%); mais inférieure à celle de la Chine (7,7%).

Chapitre II. Valeur ajoutée

La valeur ajoutée des Îles Marshall est passé de 14,6 millions de dollars par an dans les années 1970 à 190,7 millions de dollars par an dans les années 2010, c'est-à-dire 176,1 millions de dollars ou de 13,1 fois. La variation a été de 143,4 millions de dollars en raison de l'augmentation de 4,0 fois des prix, et de 13,7 millions de dollars en raison de la croissance de productivité de 1,4 fois, et de 19,0 millions de dollars en raison de la croissance démographique. La croissance annuelle moyenne de la valeur ajoutée était de 3,7%. La valeur minimale était de 7,8 millions de dollars en 1970. La valeur maximale était de 233,1 millions de dollars en 2019.

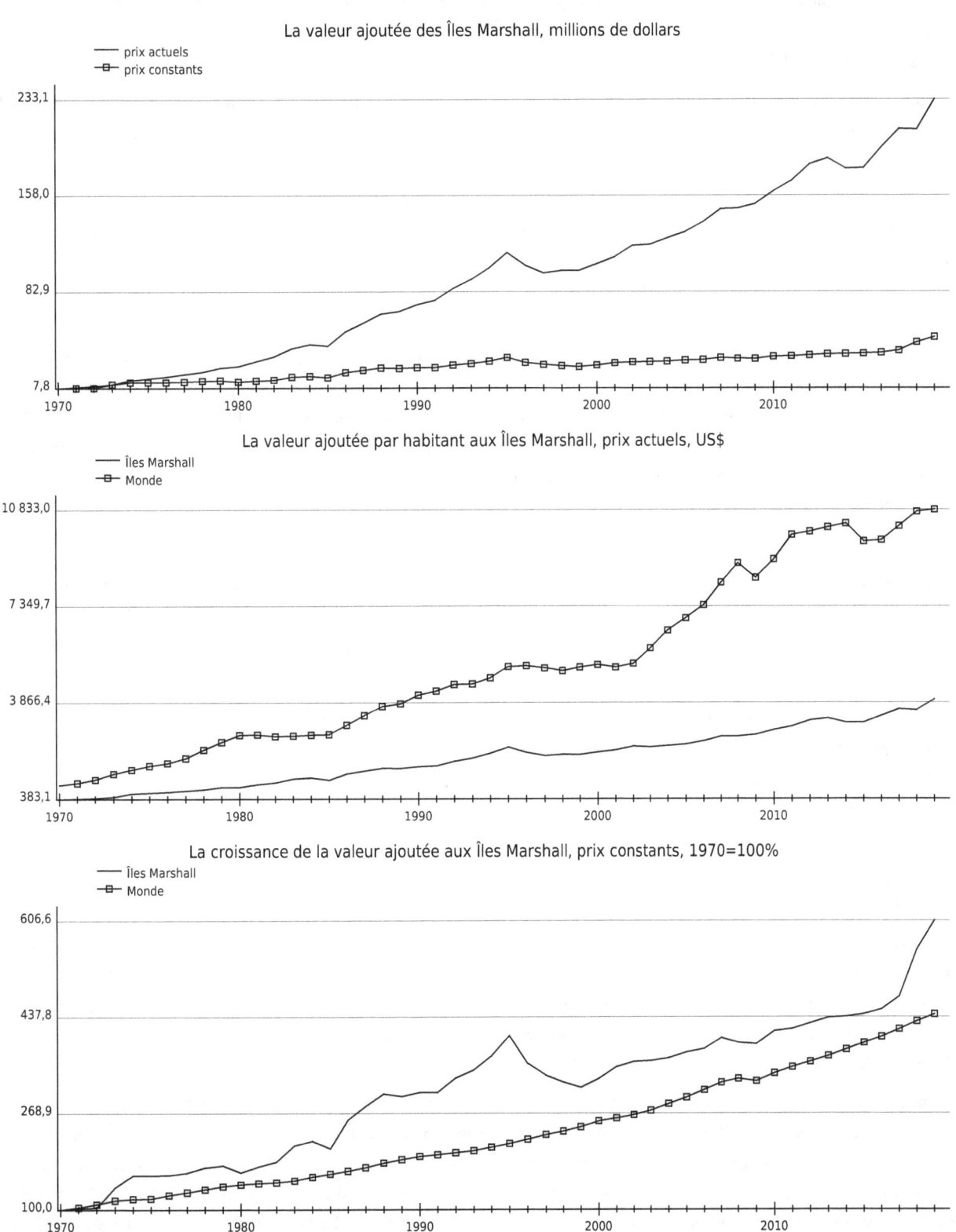

Les années 1970

La valeur ajoutée des Îles Marshall était de 14,6 millions de dollars par an dans les années 1970, au 182ème rang mondial. La part dans le monde était de 0,0002% et de 0,013% en Océanie.

La valeur ajoutée totale des Îles Marshall était constituée de: services (55,5%), commerce (25,9%), construction (12,2%), agriculture (9,7%), industrie (0,37%).

La valeur ajoutée par habitant aux Îles Marshall était de 585.3 dollars dans les années 1970, se classant au 118ème rang mondial, à égalité avec Sao Tomé-et-Principe (586,1 de dollars), l'Afrique du Nord (588,7 de dollars). La valeur ajoutée par habitant aux Îles Marshall était 2,7 fois inférieure la valeur ajoutée par habitant au Monde (1 564,4 US$), et 8,7 fois inférieure la valeur ajoutée par habitant en Océanie (5 074,3 US$).

La croissance de la valeur ajoutée aux Îles Marshall était de 6.6% dans les années 1970, se situant au 43ème rang mondial, à égalité avec le Mexique (6,5%), Micronésie (6,6%). La croissance de la valeur ajoutée aux Îles Marshall (6,6%) a été supérieure à celle du monde (3,9%), et supérieure à celle de l'Océanie (3,2%).

Comparaison avec les voisins. La valeur ajoutée des Îles Marshall était inférieure à celle des Kiribati (45,4 millions de dollars), des États fédérés de Micronésie (41,1 millions de dollars) et de Nauru (31,0 millions de dollars). La valeur ajoutée par habitant aux Îles Marshall était inférieure à celle de Nauru (4 371,1 de dollars), des Kiribati (828,0 de dollars) et des États fédérés de Micronésie (638,8 de dollars). La croissance de la valeur ajoutée aux Îles Marshall était supérieure à celle des ÉFM (6,6%), des Kiribati (4,3%) et de Nauru (0,37%).

Comparaison avec les leaders. La valeur ajoutée des Îles Marshall était inférieure à celle des États-Unis (1,7 billions de dollars), de l'URSS (649,4 milliards de dollars), du Japon (545,3 milliards de dollars), de l'Allemagne (444,9 milliards de dollars) et de la France (297,3 milliards de dollars). La valeur ajoutée par habitant aux Îles Marshall était inférieure à celle des États-Unis (7 767,9 de dollars), de l'Allemagne (5 650,3 de dollars), de la France (5 544,4 de dollars), du Japon (4 897,5 de dollars) et de l'URSS (2 574,9 de dollars). La croissance de la valeur ajoutée aux Îles Marshall était supérieure à celle du Japon (4,9%), de l'URSS (4,8%), de la France (3,7%), de l'Allemagne (3,1%) et des États-Unis (2,9%).

Les années 1980

La valeur ajoutée des Îles Marshall était de 45,1 millions de dollars par an dans les années 1980, se classant au 179ème rang mondial. La part dans le monde était de 0,0003% et de 0,019% en Océanie.

La valeur ajoutée totale des Îles Marshall était constituée de: services (55,5%), commerce (26,0%), construction (12,2%), agriculture (9,7%), industrie (0,36%).

La valeur ajoutée par habitant aux Îles Marshall était de 1194.4 dollars dans les années 1980, au 109ème rang mondial, à égalité avec l'Asie (1 191,9 de dollars), Micronésie (1 200,6 de dollars), la Grenade (1 201,2 de dollars). La valeur ajoutée par habitant aux Îles Marshall était 2,5 fois inférieure la valeur ajoutée par habitant au Monde (3 029,9 US$), et 8,2 fois inférieure la valeur ajoutée par habitant en Océanie (9 797,7 US$).

La croissance de la valeur ajoutée aux Îles Marshall était de 5.3% dans les années 1980, se classant au 31ème rang mondial, à égalité avec le Yémen (5,3%), la Polynésie française (5,4%). La croissance de la valeur ajoutée aux Îles Marshall (5,3%) a été supérieure à celle du monde (2,9%), et supérieure à celle de l'Océanie (3,4%).

Comparaison avec les voisins. La valeur ajoutée des Îles Marshall était supérieure à celle de Nauru (43,2 millions de dollars) et des Kiribati (33,1 millions de dollars); mais inférieure à celle des États fédérés de Micronésie (100,8 millions de dollars). La valeur ajoutée par habitant aux Îles Marshall était supérieure à celle des Kiribati (515,9 de dollars); mais inférieure à celle de Nauru (5 111,7 de dollars) et des ÉFM (1 200,6 de dollars). La croissance de la valeur ajoutée aux Îles Marshall était supérieure à celle des États fédérés de Micronésie (2,9%), de Nauru (-2,8%) et des Kiribati (-6,0%).

Comparaison avec les leaders. La valeur ajoutée des Îles Marshall était inférieure à celle des États-Unis (4,2 billions de dollars), du Japon (1,8 billions de dollars), de l'Allemagne (907,0 milliards de dollars), de l'URSS (887,0 milliards de dollars) et de la France (650,9 milliards de dollars). La valeur ajoutée par habitant aux Îles Marshall était inférieure à celle des États-Unis (17 439,9 de dollars), du Japon (14 839,7 de dollars), de l'Allemagne (11 624,4 de dollars), de la France (11 516,2 de dollars) et de l'URSS (3 222,9 de dollars). La croissance de la valeur ajoutée aux Îles Marshall était supérieure à celle de l'URSS (4,3%), du Japon (4,2%), des États-Unis (2,8%),

Chapitre II. Valeur ajoutée

de la France (2,2%) et de l'Allemagne (2,0%).

Les années 1990

La valeur ajoutée des Îles Marshall était de 94,3 millions de dollars par an dans les années 1990, au 202ème rang mondial à égalité avec d'Anguilla (92,5 millions de dollars). La part dans le monde était de 0,0003% et de 0,023% en Océanie.

La valeur ajoutée totale des Îles Marshall était constituée de: services (52,3%), commerce (20,8%), agriculture (9,8%), construction (9,7%), transport (6,2%), industrie (3,1%).

La valeur ajoutée par habitant aux Îles Marshall était de 1895.7 dollars dans les années 1990, se classant au 103ème rang mondial, à égalité avec la Tunisie (1 867,1 de dollars), Micronésie (1 864,8 de dollars), le Paraguay (1 930,1 de dollars). La valeur ajoutée par habitant aux Îles Marshall était 2,5 fois inférieure la valeur ajoutée par habitant au Monde (4 799,9 US$), et 7,5 fois inférieure la valeur ajoutée par habitant en Océanie (14 241,8 US$).

La croissance de la valeur ajoutée aux Îles Marshall était de 0.5% dans les années 1990, au 168ème rang mondial. La croissance de la valeur ajoutée aux Îles Marshall (0,50%) a été inférieure à celle du monde (2,7%), et inférieure à celle de l'Océanie (3,3%).

Comparaison avec les voisins. La valeur ajoutée des Îles Marshall était supérieure à celle des Kiribati (53,2 millions de dollars) et de Nauru (38,7 millions de dollars); mais inférieure à celle des États fédérés de Micronésie (195,2 millions de dollars). La valeur ajoutée par habitant aux Îles Marshall était supérieure à celle des États fédérés de Micronésie (1 864,8 de dollars) et des Kiribati (687,0 de dollars); mais inférieure à celle de Nauru (3 753,7 de dollars). La croissance de la valeur ajoutée aux Îles Marshall était supérieure à celle de Nauru (-10,8%); mais inférieure à celle des Kiribati (2,9%) et des ÉFM (1,9%).

Comparaison avec les leaders. La valeur ajoutée des Îles Marshall était inférieure à celle des États-Unis (7,6 billions de dollars), du Japon (4,3 billions de dollars), de l'Allemagne (2,0 billions de dollars), de la France (1,3 billions de dollars) et du Royaume-Uni (1,2 billions de dollars). La valeur ajoutée par habitant aux Îles Marshall était inférieure à celle du Japon (34 190,7 de dollars), des États-Unis (28 605,8 de dollars), de l'Allemagne (24 519,7 de dollars), de la France (21 588,1 de dollars) et du Royaume-Uni (21 414,8 de dollars). La croissance de la valeur ajoutée aux Îles Marshall était inférieure à celle des États-Unis (2,8%), du Royaume-Uni (2,4%), de l'Allemagne (2,1%), de la France (1,8%) et du Japon (1,8%).

Les années 2000

La valeur ajoutée des Îles Marshall était de 129,2 millions de dollars par an dans les années 2000, au 205ème rang mondial. La part dans le monde était de 0,0003% et de 0,017% en Océanie.

La valeur ajoutée totale des Îles Marshall était constituée de: services (50,3%), commerce (18,4%), agriculture (10,0%), transport (9,2%), construction (7,3%), industrie (4,9%).

La valeur ajoutée par habitant aux Îles Marshall était de 2383.5 dollars dans les années 2000, se classant au 122ème rang mondial, à égalité avec les Samoa (2 421,5 de dollars), la Micronésie (2 335,8 de dollars). La valeur ajoutée par habitant aux Îles Marshall était 2,9 fois inférieure la valeur ajoutée par habitant au Monde (6 818,0 US$), et 9,7 fois inférieure la valeur ajoutée par habitant en Océanie (23 074,9 US$).

La croissance de la valeur ajoutée aux Îles Marshall était de 2.2% dans les années 2000, au 148ème rang mondial. La croissance de la valeur ajoutée aux Îles Marshall (2,2%) a été inférieure à celle du monde (2,9%), et inférieure à celle de l'Océanie (3,0%).

Comparaison avec les voisins. La valeur ajoutée des Îles Marshall était supérieure à celle des Kiribati (99,2 millions de dollars) et de Nauru (28,8 millions de dollars); mais inférieure à celle des États fédérés de Micronésie (235,6 millions de dollars). La valeur ajoutée par habitant aux Îles Marshall était supérieure à celle des ÉFM (2 228,1 de dollars) et des Kiribati (1 078,2 de dollars); mais inférieure à celle de Nauru (2 887,4 de dollars). La croissance de la valeur ajoutée aux Îles Marshall était supérieure à celle des Kiribati (1,7%), des ÉFM (0,37%) et de Nauru (-2,0%).

Comparaison avec les leaders. La valeur ajoutée des Îles Marshall était inférieure à celle des États-Unis (12,6 billions de dollars), du Japon (4,7 billions de dollars), de la Chine (2,6 billions de dollars), de l'Allemagne (2,5 billions de dollars) et du Royaume-Uni (2,1 billions de dollars). La valeur ajoutée par habitant aux Îles Marshall était supérieure à celle de la Chine (1 954,1 de dollars); mais inférieure à celle des États-Unis (42 840,8 de dollars), du Japon (36 383,0 de dollars), du Royaume-Uni (34 611,1 de dollars) et de l'Allemagne (30 717,6 de dollars). La croissance de la valeur ajoutée aux Îles Marshall était supérieure à celle des États-Unis (1,7%), du Royaume-Uni (1,7%), de l'Allemagne (0,65%) et du Japon (0,27%); mais inférieure à celle de la Chine (10,2%).

Les années 2010

La valeur ajoutée des Îles Marshall était de 190,7 millions de dollars par an dans les années 2010, se classant au 207ème rang mondial. La part dans le monde était de 0,0003% et de 0,012% en Océanie.

La valeur ajoutée totale des Îles Marshall était constituée de: services (46,1%), agriculture (16,8%), commerce (15,7%), transport (9,1%), industrie (6,6%), construction (5,8%).

La valeur ajoutée par habitant aux Îles Marshall était de 3320.9 dollars dans les années 2010, se classant au 138ème rang mondial, à égalité avec le Salvador (3 322,4 de dollars), le Sri Lanka (3 393,7 de dollars), le Kosovo (3 240,6 de dollars). La valeur ajoutée par habitant aux Îles Marshall était 3,0 fois inférieure la valeur ajoutée par habitant au Monde (10 094,6 US$), et 11,9 fois inférieure la valeur ajoutée par habitant en Océanie (39 391,3 US$).

La croissance de la valeur ajoutée aux Îles Marshall était de 4.5% dans les années 2010, se classant au 56ème rang mondial, à égalité avec le Kazakhstan (4,5%), Sierra Leone (4,5%). La croissance de la valeur ajoutée aux Îles Marshall (4,5%) a été supérieure à celle du monde (3,1%), et supérieure à celle de l'Océanie (2,5%).

Comparaison avec les voisins. La valeur ajoutée des Îles Marshall était 2,5% supérieure à celle des Kiribati (186,0 millions de dollars) et 66,2% supérieure à celle de Nauru (114,7 millions de dollars); mais 40,3% inférieure à celle des États fédérés de Micronésie (319,5 millions de dollars). La valeur ajoutée par habitant aux Îles Marshall était 12,4% supérieure à celle des États fédérés de Micronésie (2 955,0 de dollars) et 96,9% supérieure à celle des Kiribati (1 686,9 de dollars); mais 3,3 fois inférieure à celle de Nauru (11 077,5 de dollars). La croissance de la valeur ajoutée aux Îles Marshall était supérieure à celle des Kiribati (3,3%) et des ÉFM (0,75%); mais inférieure à celle de Nauru (9,7%).

Comparaison avec les leaders. La valeur ajoutée des Îles Marshall était 94 204,2 fois inférieure à celle des États-Unis (18,0 billions de dollars), 55 101,6 fois inférieure à celle de la Chine (10,5 billions de dollars), 27 280,7 fois inférieure à celle du Japon (5,2 billions de dollars), 17 321,4 fois inférieure à celle de l'Allemagne (3,3 billions de dollars) et 12 956,5 fois inférieure à celle du Royaume-Uni (2,5 billions de dollars). La valeur ajoutée par habitant aux Îles Marshall était 16,9 fois inférieure à celle des États-Unis (56 220,3 de dollars), 12,2 fois inférieure à celle du Japon (40 660,3 de dollars), 12,1 fois inférieure à celle de l'Allemagne (40 346,4 de dollars), 11,3 fois inférieure à celle du Royaume-Uni (37 659,6 de dollars) et 2,3 fois inférieure à celle de la Chine (7 491,3 de dollars). La croissance de la valeur ajoutée aux Îles Marshall était supérieure à celle des États-Unis (2,2%), de l'Allemagne (1,9%), du Royaume-Uni (1,8%) et du Japon (1,3%); mais inférieure à celle de la Chine (7,7%).

Chapitre III. Revenu national brut

Le revenu national brut des Îles Marshall est passé de 19,8 millions de dollars par an dans les années 1970 à 241,8 millions de dollars par an dans les années 2010, c'est-à-dire 222,0 millions de dollars ou de 12,2 fois. La variation a été de 177,8 millions de dollars en raison de l'augmentation de 3,8 fois des prix, et de 18,3 millions de dollars en raison de la croissance de productivité de 1,4 fois, et de 25,8 millions de dollars en raison de la croissance démographique. La croissance annuelle moyenne du RNB était de 3,6%. La valeur minimale était de 10,6 millions de dollars en 1970. La valeur maximale était de 280,7 millions de dollars en 2019.

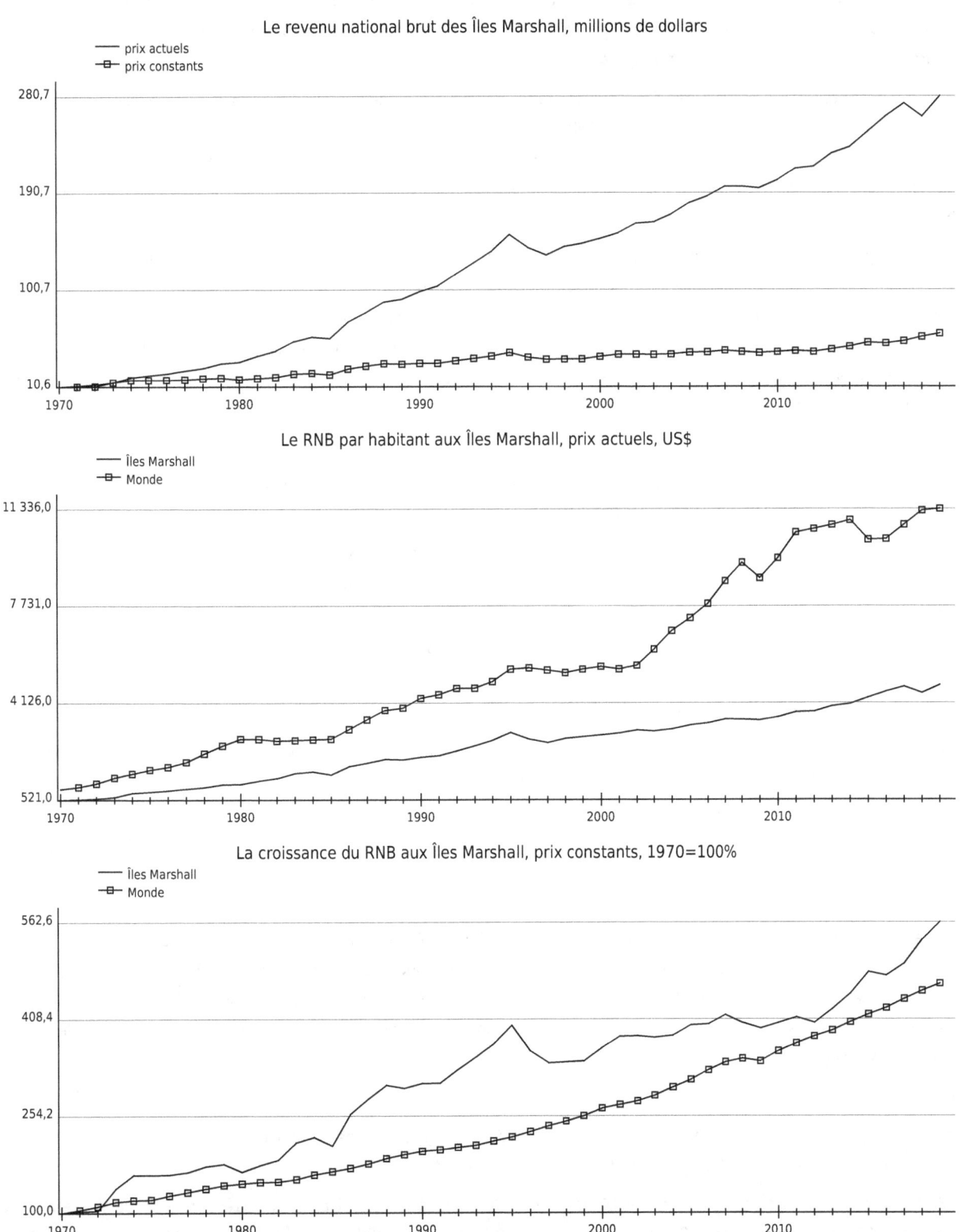

Les années 1970

Le RNB des Îles Marshall était de 19,8 millions de dollars par an dans les années 1970, se situant au 178ème rang mondial. La part dans le monde était de 0,0003% et de 0,017% en Océanie.

Le revenu national brut par habitant aux Îles Marshall était de 795.8 dollars dans les années 1970, se situant au 97ème rang mondial, à égalité avec la Malaisie (808,0 de dollars), la Corée du Sud (778,4 de dollars). Le RNB par habitant aux Îles Marshall était 2,0 fois inférieur le RNB par habitant au Monde (1 624,3 US$), et 6,7 fois inférieur le RNB par habitant en Océanie (5 334,5 US$).

La croissance du RNB aux Îles Marshall était de 6.6% dans les années 1970, se classant au 41ème rang mondial, à égalité avec l'Amérique du Sud (6,5%), Micronésie (6,5%), la Grenade (6,5%). La croissance du revenu national brut aux Îles Marshall (6,6%) a été supérieure à celle du monde (4,1%), et supérieure à celle de l'Océanie (2,8%).

Comparaison avec les voisins. Le RNB des Îles Marshall était inférieur à celui des Kiribati (54,9 millions de dollars), des ÉFM (45,2 millions de dollars) et de Nauru (30,2 millions de dollars). Le RNB par habitant aux Îles Marshall était supérieur à celui des États fédérés de Micronésie (702,8 de dollars); mais inférieur à celui de Nauru (4 252,4 de dollars) et des Kiribati (1 002,2 de dollars). La croissance du RNB aux Îles Marshall était supérieure à celle des États fédérés de Micronésie (6,5%), des Kiribati (3,3%) et de Nauru (0,32%).

Comparaison avec les leaders. Le RNB des Îles Marshall était inférieur à celui des États-Unis (1,7 billions de dollars), de l'URSS (649,4 milliards de dollars), du Japon (558,5 milliards de dollars), de l'Allemagne (486,2 milliards de dollars) et de la France (334,3 milliards de dollars). Le revenu national brut par habitant aux Îles Marshall était inférieur à celui des États-Unis (7 837,2 de dollars), de la France (6 235,1 de dollars), de l'Allemagne (6 174,4 de dollars), du Japon (5 015,3 de dollars) et de l'URSS (2 574,9 de dollars). La croissance du revenu national brut aux Îles Marshall était supérieure à celle de l'URSS (4,8%), du Japon (4,7%), de la France (3,9%), des États-Unis (3,5%) et de l'Allemagne (3,0%).

Les années 1980

Le RNB des Îles Marshall était de 61,4 millions de dollars par an dans les années 1980, se situant au 176ème rang mondial. La part dans le monde était de 0,0004% et de 0,024% en Océanie.

Le RNB par habitant aux Îles Marshall était de 1624.1 dollars dans les années 1980, se situant au 92ème rang mondial, à égalité avec les Fidji (1 622,1 de dollars), le Brésil (1 654,2 de dollars). Le revenu national brut par habitant aux Îles Marshall était 47,9% inférieur le revenu national brut par habitant au Monde (3 117,1 US$), et 6,2 fois inférieur le RNB par habitant en Océanie (10 137,3 US$).

La croissance du RNB aux Îles Marshall était de 5.3% dans les années 1980, se classant au 32ème rang mondial, à égalité avec la république du Congo (5,3%), la Polynésie française (5,3%). La croissance du revenu national brut aux Îles Marshall (5,3%) a été supérieure à celle du monde (3,0%), et supérieure à celle de l'Océanie (2,9%).

Comparaison avec les voisins. Le revenu national brut des Îles Marshall était supérieur à celui de Nauru (42,1 millions de dollars) et des Kiribati (38,1 millions de dollars); mais inférieur à celui des ÉFM (113,3 millions de dollars). Le RNB par habitant aux Îles Marshall était supérieur à celui des États fédérés de Micronésie (1 349,7 de dollars) et des Kiribati (593,6 de dollars); mais inférieur à celui de Nauru (4 982,9 de dollars). La croissance du RNB aux Îles Marshall était supérieure à celle des États fédérés de Micronésie (3,5%), de Nauru (-2,8%) et des Kiribati (-5,5%).

Comparaison avec les leaders. Le RNB des Îles Marshall était inférieur à celui des États-Unis (4,2 billions de dollars), du Japon (1,8 billions de dollars), de l'Allemagne (996,5 milliards de dollars), de l'URSS (887,0 milliards de dollars) et de la France (732,1 milliards de dollars). Le revenu national brut par habitant aux Îles Marshall était inférieur à celui des États-Unis (17 362,5 de dollars), du Japon (15 042,8 de dollars), de la France (12 952,6 de dollars), de l'Allemagne (12 771,0 de dollars) et de l'URSS (3 222,9 de dollars). La croissance du RNB aux Îles Marshall était supérieure à celle du Japon (4,4%), de l'URSS (4,3%), des États-Unis (3,1%), de la France (2,3%) et de l'Allemagne (2,0%).

Les années 1990

Le revenu national brut des Îles Marshall était de 129,0 millions de dollars par an dans les années 1990, se classant au 200ème rang mondial. La part dans le monde était de 0,0005% et de 0,030% en Océanie.

Le RNB par habitant aux Îles Marshall était de 2594.7 dollars dans les années 1990, se classant au 91ème rang mondial, à égalité avec la Serbie (2 574,1 de dollars), le Belize (2 531,9 de dollars). Le RNB par habitant aux Îles Marshall était 48,0% inférieur le RNB par

Chapitre III. Revenu national brut

habitant au Monde (4 991,4 US$), et 5,7 fois inférieur le RNB par habitant en Océanie (14 867,3 US$).

La croissance du revenu national brut aux Îles Marshall était de 1.4% dans les années 1990, se classant au 155ème rang mondial. La croissance du revenu national brut aux Îles Marshall (1,4%) a été inférieure à celle du monde (2,8%), et inférieure à celle de l'Océanie (3,3%).

Comparaison avec les voisins. Le RNB des Îles Marshall était supérieur à celui des Kiribati (65,7 millions de dollars) et de Nauru (37,6 millions de dollars); mais inférieur à celui des États fédérés de Micronésie (214,1 millions de dollars). Le revenu national brut par habitant aux Îles Marshall était supérieur à celui des ÉFM (2 045,9 de dollars) et des Kiribati (848,7 de dollars); mais inférieur à celui de Nauru (3 649,3 de dollars). La croissance du RNB aux Îles Marshall était supérieure à celle des ÉFM (1,1%) et de Nauru (-10,7%); mais inférieure à celle des Kiribati (3,8%).

Comparaison avec les leaders. Le RNB des Îles Marshall était inférieur à celui des États-Unis (7,5 billions de dollars), du Japon (4,4 billions de dollars), de l'Allemagne (2,2 billions de dollars), de la France (1,4 billions de dollars) et du Royaume-Uni (1,3 billions de dollars). Le RNB par habitant aux Îles Marshall était inférieur à celui du Japon (34 665,3 de dollars), des États-Unis (28 503,5 de dollars), de l'Allemagne (27 004,0 de dollars), de la France (24 286,5 de dollars) et du Royaume-Uni (23 037,3 de dollars). La croissance du revenu national brut aux Îles Marshall était inférieure à celle des États-Unis (3,4%), de la France (2,2%), du Royaume-Uni (2,0%), de l'Allemagne (2,0%) et du Japon (1,5%).

Les années 2000

Le revenu national brut des Îles Marshall était de 175,5 millions de dollars par an dans les années 2000, au 205ème rang mondial à égalité avec les îles Cook (176,0 millions de dollars). La part dans le monde était de 0,0004% et de 0,022% en Océanie.

Le RNB par habitant aux Îles Marshall était de 3238 dollars dans les années 2000, au 109ème rang mondial, à égalité avec la Biélorussie (3 208,6 de dollars), l'Asie (3 199,2 de dollars), les Fidji (3 193,0 de dollars). Le RNB par habitant aux Îles Marshall était 2,2 fois inférieur le RNB par habitant au Monde (7 165,2 US$), et 7,4 fois inférieur le revenu national brut par habitant en Océanie (24 025,1 US$).

La croissance du revenu national brut aux Îles Marshall était de 1.4% dans les années 2000, se classant au 176ème rang mondial, à égalité avec la République centrafricaine (1,4%), les Fidji (1,4%). La croissance du RNB aux Îles Marshall (1,4%) a été inférieure à celle du monde (3,0%), et inférieure à celle de l'Océanie (2,9%).

Comparaison avec les voisins. Le revenu national brut des Îles Marshall était supérieur à celui des Kiribati (137,9 millions de dollars) et de Nauru (29,3 millions de dollars); mais inférieur à celui des ÉFM (258,1 millions de dollars). Le revenu national brut par habitant aux Îles Marshall était supérieur à celui de Nauru (2 931,9 de dollars), des ÉFM (2 440,7 de dollars) et des Kiribati (1 499,3 de dollars). La croissance du RNB aux Îles Marshall était supérieure à celle des ÉFM (0,75%) et de Nauru (-1,7%); mais inférieure à celle des Kiribati (1,9%).

Comparaison avec les leaders. Le RNB des Îles Marshall était inférieur à celui des États-Unis (12,7 billions de dollars), du Japon (4,8 billions de dollars), de l'Allemagne (2,8 billions de dollars), de la Chine (2,6 billions de dollars) et du Royaume-Uni (2,3 billions de dollars). Le RNB par habitant aux Îles Marshall était supérieur à celui de la Chine (1 950,5 de dollars); mais inférieur à celui des États-Unis (43 177,4 de dollars), du Royaume-Uni (38 514,5 de dollars), du Japon (37 144,2 de dollars) et de l'Allemagne (34 189,0 de dollars). La croissance du revenu national brut aux Îles Marshall était supérieure à celle de l'Allemagne (1,0%) et du Japon (0,62%); mais inférieure à celle de la Chine (10,4%), des États-Unis (1,8%) et du Royaume-Uni (1,7%).

Les années 2010

Le RNB des Îles Marshall était de 241,8 millions de dollars par an dans les années 2010, se classant au 208ème rang mondial. La part dans le monde était de 0,0003% et de 0,015% en Océanie.

Le revenu national brut par habitant aux Îles Marshall était de 4211.6 dollars dans les années 2010, se classant au 126ème rang mondial, à égalité avec l'Asie centrale (4 132,6 de dollars). Le revenu national brut par habitant aux Îles Marshall était 2,5 fois inférieur le revenu national brut par habitant au Monde (10 611,7 US$), et 9,7 fois inférieur le revenu national brut par habitant en Océanie (41 051,4 US$).

La croissance du RNB aux Îles Marshall était de 3.6% dans les années 2010, se classant au 88ème rang mondial, à égalité avec la Micronésie (3,6%), l'Afrique de l'Ouest (3,6%), le Chili (3,6%). La croissance du RNB aux Îles Marshall (3,6%) a été supérieure à celle du monde (3,1%), et supérieure à celle de l'Océanie (2,7%).

Comparaison avec les voisins. Le RNB des Îles Marshall était 92,9% supérieur à celui de Nauru (125,4 millions de dollars); mais 34,9% inférieur à celui des ÉFM (371,3 millions de dollars) et 24,5% inférieur à celui des Kiribati (320,2 millions de dollars). Le revenu national brut par habitant aux Îles Marshall était 22,6% supérieur à celui des États fédérés de Micronésie (3 434,3 de dollars) et 45,0% supérieur à celui des Kiribati (2 904,5 de dollars); mais 2,9 fois inférieur à celui de Nauru (12 105,2 de dollars). La croissance du revenu national brut aux Îles Marshall était supérieure à celle des États fédérés de Micronésie (1,2%); mais inférieure à celle de Nauru (12,8%) et des Kiribati (6,6%).

Comparaison avec les leaders. Le revenu national brut des Îles Marshall était 75 707,0 fois inférieur à celui des États-Unis (18,3 billions de dollars), 43 288,4 fois inférieur à celui de la Chine (10,5 billions de dollars), 22 328,0 fois inférieur à celui du Japon (5,4 billions de dollars), 15 504,6 fois inférieur à celui de l'Allemagne (3,7 billions de dollars) et 11 356,7 fois inférieur à celui de la France (2,7 billions de dollars). Le revenu national brut par habitant aux Îles Marshall était 13,6 fois inférieur à celui des États-Unis (57 299,9 de dollars), 10,9 fois inférieur à celui de l'Allemagne (45 801,3 de dollars), 10,0 fois inférieur à celui du Japon (42 204,7 de dollars), 9,8 fois inférieur à celui de la France (41 404,4 de dollars) et 43,6% inférieur à celui de la Chine (7 463,8 de dollars). La croissance du revenu national brut aux Îles Marshall était supérieure à celle des États-Unis (2,5%), de l'Allemagne (2,0%), du Japon (1,4%) et de la France (1,4%); mais inférieure à celle de la Chine (7,7%).

Partie II. Structure

	Les années 2010
agriculture	16,8%
industrie	6,6%
construction	5,8%
commerce	15,7%
transport	9,1%
services	46,1%

Chapitre IV. Agriculture

Agriculture, chasse, sylviculture et pêche (ISIC A-B)

L'agriculture des Îles Marshall est passé de 1,4 millions de dollars par an dans les années 1970 à 32,0 millions de dollars par an dans les années 2010, c'est-à-dire 30,6 millions de dollars ou de 22,5 fois. La variation a été de 24,8 millions de dollars en raison de l'augmentation de 4,5 fois des prix, et de 3,9 millions de dollars en raison de la croissance de productivité de 2,2 fois, et de 1,9 millions de dollars en raison de la croissance démographique. La croissance annuelle moyenne de l'agriculture était de 4,3%. La valeur minimale était de 760 390,0 de dollars en 1970. La valeur maximale était de 39,1 millions de dollars en 2012.

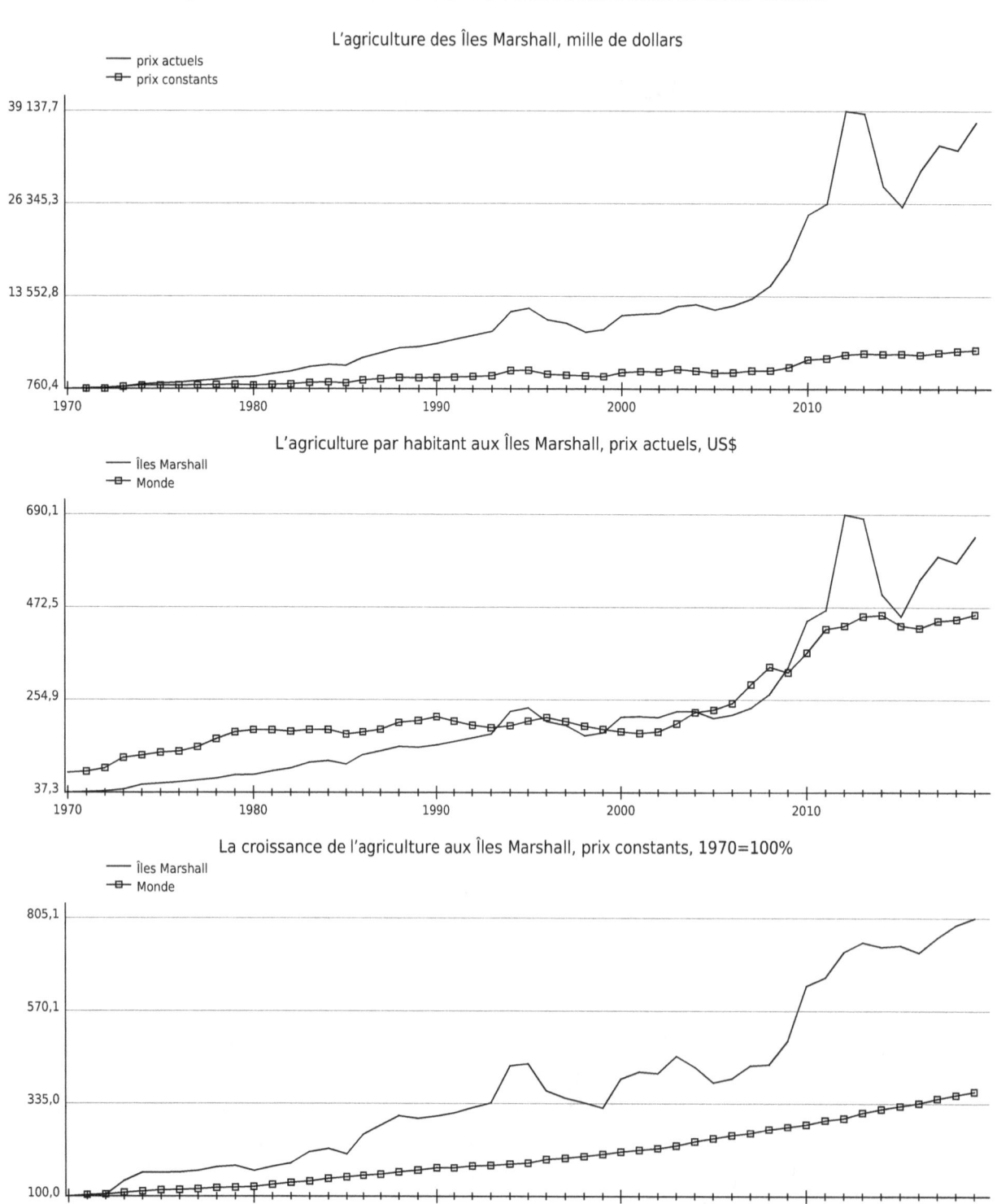

Chapitre IV. Agriculture

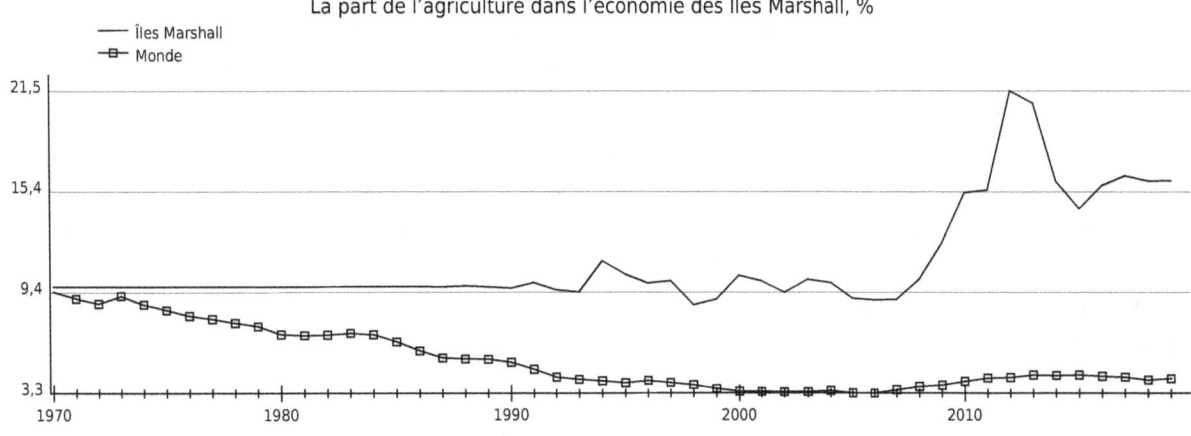

La part de l'agriculture dans l'économie des Îles Marshall, %

Les années 1970

Le secteur de l'agriculture aux Îles Marshall était de 1,4 millions de dollars par an dans les années 1970, se situant au 174ème rang mondial. La part dans le monde était de 0,0003% et de 0,018% en Océanie.

La part de l'agriculture dans l'économie des Îles Marshall était de 9,7% dans les années 1970, au 117ème rang mondial.

L'agriculture par habitant aux Îles Marshall était de 57 dollars dans les années 1970, au 147ème rang mondial, à égalité avec le Sri Lanka (56,4 de dollars), le Yémen (57,8 de dollars), la Zambie (55,9 de dollars). L'agriculture par habitant aux Îles Marshall était 2,2 fois inférieure l'agriculture par habitant au Monde (127,6 US$), et 6,6 fois inférieure l'agriculture par habitant en Océanie (377,5 US$).

La croissance de l'agriculture aux Îles Marshall était de 6.6% dans les années 1970, se situant au 25ème rang mondial, à égalité avec le Paraguay (6,5%), Micronésie (6,6%). La croissance de l'agriculture aux Îles Marshall (6,6%) a été supérieure à celle du monde (2,2%), et supérieure à celle de l'Océanie (2,4%).

Comparaison avec les voisins. L'agriculture des Îles Marshall était inférieure à celle des ÉFM (10,0 millions de dollars), des Kiribati (7,0 millions de dollars) et de Nauru (1,9 millions de dollars). L'agriculture par habitant aux Îles Marshall était inférieure à celle de Nauru (271,0 de dollars), des ÉFM (156,2 de dollars) et des Kiribati (128,7 de dollars). La croissance de l'agriculture aux Îles Marshall était supérieure à celle des ÉFM (6,6%) et de Nauru (1,1%); mais inférieure à celle des Kiribati (8,8%).

Comparaison avec les leaders. Le secteur de l'agriculture aux Îles Marshall était inférieur à celui de l'URSS (88,7 milliards de dollars), de la Chine (49,5 milliards de dollars), des États-Unis (42,6 milliards de dollars), de l'Inde (36,0 milliards de dollars) et du Japon (25,8 milliards de dollars). L'agriculture par habitant aux Îles Marshall était supérieure à celle de la Chine (54,2 de dollars); mais inférieure à celle de l'URSS (351,8 de dollars), du Japon (231,3 de dollars), des États-Unis (195,0 de dollars) et de l'Inde (58,3 de dollars). La croissance de l'agriculture aux Îles Marshall était supérieure à celle de la Chine (2,4%), du Japon (0,52%), des États-Unis (0,34%) et de l'Inde (0,30%); mais inférieure à celle de l'URSS (7,0%).

Les années 1980

La valeur ajoutée de l'agriculture aux Îles Marshall était de 4,4 millions de dollars par an dans les années 1980, au 172ème rang mondial. La part dans le monde était de 0,0005% et de 0,032% en Océanie.

La part de l'agriculture dans l'économie des Îles Marshall était de 9,7% dans les années 1980, au 111ème rang mondial, à égalité avec l'Irlande (9,7%), le Brésil (9,8%).

L'agriculture par habitant aux Îles Marshall était de 116.3 dollars dans les années 1980, se situant au 136ème rang mondial, à égalité avec le Chili (117,6 de dollars), l'Est (114,5 de dollars), les îles Cook (114,2 de dollars). L'agriculture par habitant aux Îles Marshall était 37,7% inférieure l'agriculture par habitant au Monde (186,6 US$), et 4,7 fois inférieure l'agriculture par habitant en Océanie (545,9 US$).

La croissance de l'agriculture aux Îles Marshall était de 5.3% dans les années 1980, se classant au 19ème rang mondial, à égalité avec la Chine (5,3%). La croissance de l'agriculture aux Îles Marshall (5,3%) a été supérieure à celle du monde (3,1%), et supérieure à celle de l'Océanie (2,0%).

Comparaison avec les voisins. La valeur de l'agriculture aux Îles Marshall était supérieure à celle de Nauru (2,6 millions de dollars);

mais inférieure à celle des États fédérés de Micronésie (24,7 millions de dollars) et des Kiribati (14,7 millions de dollars). L'agriculture par habitant aux Îles Marshall était inférieure à celle de Nauru (308,7 de dollars), des États fédérés de Micronésie (293,6 de dollars) et des Kiribati (229,4 de dollars). La croissance de l'agriculture aux Îles Marshall était supérieure à celle des États fédérés de Micronésie (2,9%), des Kiribati (0,88%) et de Nauru (-2,4%).

Comparaison avec les leaders. L'agriculture des Îles Marshall était inférieure à celle de l'URSS (125,8 milliards de dollars), de la Chine (94,9 milliards de dollars), de l'Inde (70,4 milliards de dollars), des États-Unis (68,7 milliards de dollars) et du Japon (49,7 milliards de dollars). L'agriculture par habitant aux Îles Marshall était supérieure à celle de l'Inde (90,7 de dollars) et de la Chine (88,5 de dollars); mais inférieure à celle de l'URSS (457,2 de dollars), du Japon (410,0 de dollars) et des États-Unis (286,8 de dollars). La croissance de l'agriculture aux Îles Marshall était supérieure à celle de la Chine (5,3%), de l'Inde (4,4%), des États-Unis (3,7%), de l'URSS (2,8%) et du Japon (0,41%).

Les années 1990

La valeur ajoutée de l'agriculture aux Îles Marshall était de 9,2 millions de dollars par an dans les années 1990, se classant au 194ème rang mondial à égalité avec Saint-Christophe-et-Niévès (9,1 millions de dollars). La part dans le monde était de 0,0008% et de 0,053% en Océanie.

La part de l'agriculture dans l'économie des Îles Marshall était de 9,8% dans les années 1990, se classant au 114ème rang mondial, à égalité avec la Namibie (9,7%).

L'agriculture par habitant aux Îles Marshall était de 186 dollars dans les années 1990, se classant au 110ème rang mondial, à égalité avec l'Afrique du Nord (184,3 de dollars), Montserrat (184,3 de dollars), l'Algérie (184,2 de dollars). L'agriculture par habitant aux Îles Marshall était 6,9% inférieure l'agriculture par habitant au Monde (199,8 US$), et 3,3 fois inférieure l'agriculture par habitant en Océanie (608,8 US$).

La croissance de l'agriculture aux Îles Marshall était de 0.9% dans les années 1990, se situant au 129ème rang mondial. La croissance de l'agriculture aux Îles Marshall (0,85%) a été inférieure à celle du monde (2,2%), et inférieure à celle de l'Océanie (3,7%).

Comparaison avec les voisins. La valeur ajoutée de l'agriculture aux Îles Marshall était supérieure à celle de Nauru (2,4 millions de dollars); mais inférieure à celle des États fédérés de Micronésie (48,2 millions de dollars) et des Kiribati (13,5 millions de dollars). L'agriculture par habitant aux Îles Marshall était supérieure à celle des Kiribati (174,5 de dollars); mais inférieure à celle des ÉFM (460,1 de dollars) et de Nauru (234,2 de dollars). La croissance de l'agriculture aux Îles Marshall était supérieure à celle des Kiribati (-1,1%) et de Nauru (-13,3%); mais inférieure à celle des ÉFM (1,9%).

Comparaison avec les leaders. L'agriculture des Îles Marshall était inférieure à celle de la Chine (139,0 milliards de dollars), des États-Unis (96,1 milliards de dollars), de l'Inde (91,4 milliards de dollars), du Japon (78,9 milliards de dollars) et du Brésil (36,8 milliards de dollars). L'agriculture par habitant aux Îles Marshall était supérieure à celle de la Chine (112,7 de dollars) et de l'Inde (95,6 de dollars); mais inférieure à celle du Japon (625,5 de dollars), des États-Unis (363,4 de dollars) et du Brésil (228,7 de dollars). La croissance de l'agriculture aux Îles Marshall était supérieure à celle du Japon (-1,8%); mais inférieure à celle de la Chine (4,3%), du Brésil (3,0%), de l'Inde (2,8%) et des États-Unis (2,6%).

Les années 2000

Le secteur de l'agriculture aux Îles Marshall était de 12,9 millions de dollars par an dans les années 2000, se classant au 193ème rang mondial. La part dans le monde était de 0,0008% et de 0,048% en Océanie.

La part de l'agriculture dans l'économie des Îles Marshall était de 10,0% dans les années 2000, se classant au 92ème rang mondial, à égalité avec la Biélorussie (10,0%), la Namibie (9,9%).

L'agriculture par habitant aux Îles Marshall était de 237.5 dollars dans les années 2000, se classant au 110ème rang mondial, à égalité avec le Brunei (238,0 de dollars), l'Est (238,1 de dollars), la Géorgie (238,1 de dollars). L'agriculture par habitant aux Îles Marshall était 1,2% inférieure l'agriculture par habitant au Monde (240,3 US$), et 3,4 fois inférieure l'agriculture par habitant en Océanie (806,4 US$).

La croissance de l'agriculture aux Îles Marshall était de 4.3% dans les années 2000, au 38ème rang mondial, à égalité avec la Palestine (4,3%). La croissance de l'agriculture aux Îles Marshall (4,3%) a été supérieure à celle du monde (3,0%), et supérieure à celle de l'Océanie (1,5%).

Chapitre IV. Agriculture

Comparaison avec les voisins. Le secteur de l'agriculture aux Îles Marshall était supérieur à celui de Nauru (1,9 millions de dollars); mais inférieur à celui des États fédérés de Micronésie (59,4 millions de dollars) et des Kiribati (23,9 millions de dollars). L'agriculture par habitant aux Îles Marshall était supérieure à celle de Nauru (186,5 de dollars); mais inférieure à celle des ÉFM (562,0 de dollars) et des Kiribati (260,2 de dollars). La croissance de l'agriculture aux Îles Marshall était supérieure à celle des ÉFM (0,97%), des Kiribati (0,84%) et de Nauru (-4,3%).

Comparaison avec les leaders. Le secteur de l'agriculture aux Îles Marshall était inférieur à celui de la Chine (297,7 milliards de dollars), de l'Inde (147,6 milliards de dollars), des États-Unis (122,5 milliards de dollars), du Japon (57,1 milliards de dollars) et du Nigeria (47,6 milliards de dollars). L'agriculture par habitant aux Îles Marshall était supérieure à celle de la Chine (224,5 de dollars) et de l'Inde (129,7 de dollars); mais inférieure à celle du Japon (445,6 de dollars), des États-Unis (416,9 de dollars) et du Nigeria (346,4 de dollars). La croissance de l'agriculture aux Îles Marshall était supérieure à celle de la Chine (4,0%), des États-Unis (3,6%), de l'Inde (2,0%) et du Japon (-1,3%); mais inférieure à celle du Nigeria (10,1%).

Les années 2010

La valeur de l'agriculture aux Îles Marshall était de 32,0 millions de dollars par an dans les années 2010, se classant au 189ème rang mondial à égalité avec Djibouti (31,4 millions de dollars). La part dans le monde était de 0,0010% et de 0,066% en Océanie.

La part de l'agriculture dans l'économie des Îles Marshall était de 16,8% dans les années 2010, se situant au 57ème rang mondial, à égalité avec l'Asie du Sud (16,7%).

L'agriculture par habitant aux Îles Marshall était de 557.6 dollars dans les années 2010, au 41ème rang mondial, à égalité avec l'Iran (559,0 de dollars), la Suisse (555,6 de dollars), la Corée du Sud (560,9 de dollars). L'agriculture par habitant aux Îles Marshall était 29,0% supérieure l'agriculture par habitant au Monde (432,1 US$), et 2,2 fois inférieure l'agriculture par habitant en Océanie (1 242,3 US$).

La croissance de l'agriculture aux Îles Marshall était de 5% dans les années 2010, se situant au 26ème rang mondial. La croissance de l'agriculture aux Îles Marshall (5,0%) a été supérieure à celle du monde (2,9%), et supérieure à celle de l'Océanie (-0,30%).

Comparaison avec les voisins. La valeur ajoutée de l'agriculture aux Îles Marshall était 11,1 fois supérieure à celle de Nauru (2,9 millions de dollars); mais 2,8 fois inférieure à celle des ÉFM (88,3 millions de dollars) et 32,1% inférieure à celle des Kiribati (47,2 millions de dollars). L'agriculture par habitant aux Îles Marshall était 30,4% supérieure à celle des Kiribati (427,8 de dollars) et 99,5% supérieure à celle de Nauru (279,5 de dollars); mais 31,7% inférieure à celle des États fédérés de Micronésie (816,2 de dollars). La croissance de l'agriculture aux Îles Marshall était supérieure à celle de Nauru (4,6%), des Kiribati (4,1%) et des États fédérés de Micronésie (1,0%).

Comparaison avec les leaders. Le secteur de l'agriculture aux Îles Marshall était 27 680,3 fois inférieur à celui de la Chine (886,2 milliards de dollars), 11 350,8 fois inférieur à celui de l'Inde (363,4 milliards de dollars), 5 631,1 fois inférieur à celui des États-Unis (180,3 milliards de dollars), 3 874,6 fois inférieur à celui de l'Indonésie (124,1 milliards de dollars) et 2 991,2 fois inférieur à celui du Nigeria (95,8 milliards de dollars). L'agriculture par habitant aux Îles Marshall était 4,3% supérieure à celle du Nigeria (534,6 de dollars), 15,3% supérieure à celle de l'Indonésie (483,6 de dollars) et 99,8% supérieure à celle de l'Inde (279,1 de dollars); mais 11,8% inférieure à celle de la Chine (631,9 de dollars) et 1,2% inférieure à celle des États-Unis (564,3 de dollars). La croissance de l'agriculture aux Îles Marshall était supérieure à celle de l'Inde (4,1%), de l'Indonésie (3,9%), de la Chine (3,8%), du Nigeria (3,6%) et des États-Unis (2,0%).

Chapitre V. Industrie

Exploitation minière, fabrication, services publics (ISIC C-E)

La valeur ajoutée de l'industrie aux Îles Marshall est passé de 54 623,4 de dollars par an dans les années 1970 à 12,6 millions de dollars par an dans les années 2010, c'est-à-dire 12,6 millions de dollars ou de 231,3 fois. La variation a été de 12,1 millions de dollars en raison de l'augmentation de 25,1 fois des prix, et de 378 436,1 de dollars en raison de la croissance de productivité de 4,0 fois, et de 71 128,6 de dollars en raison de la croissance démographique. La croissance annuelle moyenne de l'industrie était de 7,2%. La valeur minimale était de 29 226,0 de dollars en 1970. La valeur maximale était de 18,6 millions de dollars en 2019.

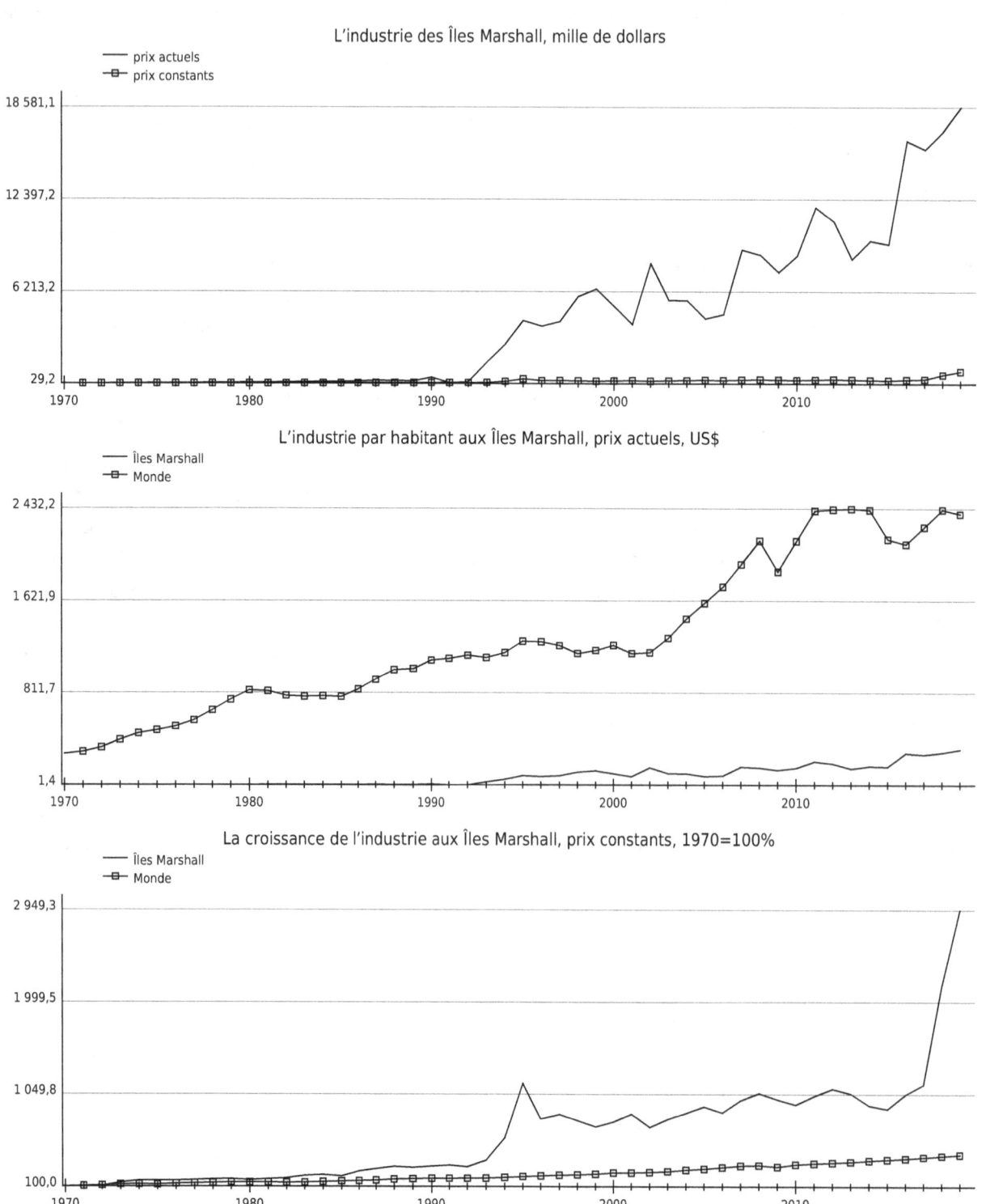

Chapitre V. Industrie

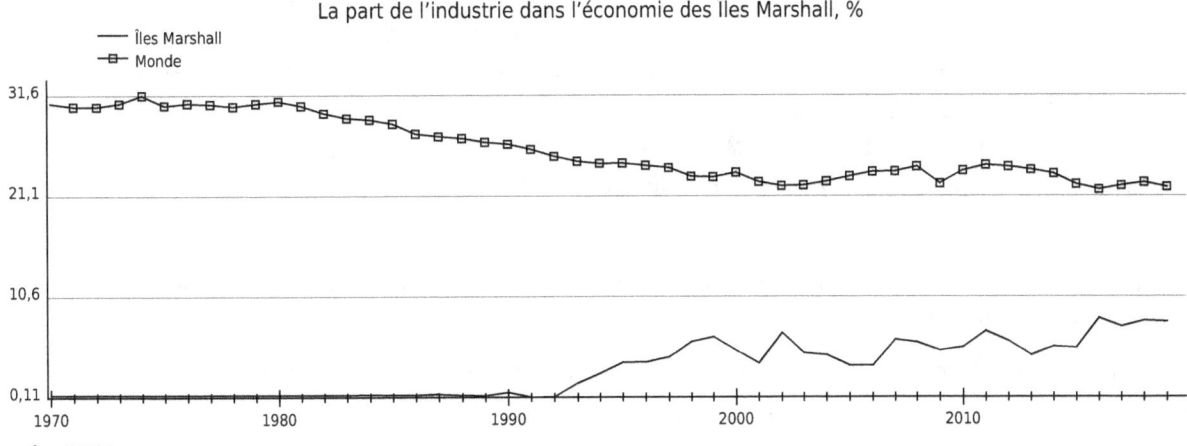

La part de l'industrie dans l'économie des Îles Marshall, %

Les années 1970

La valeur de l'industrie aux Îles Marshall était de 54 623,4 de dollars par an dans les années 1970, se situant au 185ème rang mondial. La part dans le monde était de 0,0000% et de 0,0002% en Océanie.

La part de l'industrie dans l'économie des Îles Marshall était de 0,37% dans les années 1970, au 185ème rang mondial.

L'industrie par habitant aux Îles Marshall était de 2.2 dollars dans les années 1970, au 185ème rang mondial. L'industrie par habitant aux Îles Marshall était 219,4 fois inférieure l'industrie par habitant au Monde (480,5 US$), et 645,2 fois inférieure l'industrie par habitant en Océanie (1 413,2 US$).

La croissance de l'industrie aux Îles Marshall était de 6.6% dans les années 1970, se classant au 57ème rang mondial, à égalité avec la Hongrie (6,5%), Micronésie (6,6%), le Qatar (6,6%). La croissance de l'industrie aux Îles Marshall (6,6%) a été supérieure à celle du monde (4,0%), et supérieure à celle de l'Océanie (3,0%).

Comparaison avec les voisins. La valeur ajoutée de l'industrie aux Îles Marshall était inférieure à celle des Kiribati (24,2 millions de dollars), de Nauru (8,4 millions de dollars) et des ÉFM (1,4 millions de dollars). L'industrie par habitant aux Îles Marshall était inférieure à celle de Nauru (1 178,5 de dollars), des Kiribati (441,6 de dollars) et des ÉFM (21,5 de dollars). La croissance de l'industrie aux Îles Marshall était supérieure à celle des ÉFM (6,6%), des Kiribati (5,8%) et de Nauru (-1,2%).

Comparaison avec les leaders. L'industrie des Îles Marshall était inférieure à celle des États-Unis (450,4 milliards de dollars), de l'URSS (248,8 milliards de dollars), du Japon (185,6 milliards de dollars), de l'Allemagne (158,4 milliards de dollars) et du Royaume-Uni (72,6 milliards de dollars). L'industrie par habitant aux Îles Marshall était inférieure à celle des États-Unis (2 063,8 de dollars), de l'Allemagne (2 011,9 de dollars), du Japon (1 666,5 de dollars), du Royaume-Uni (1 295,1 de dollars) et de l'URSS (986,6 de dollars). La croissance de l'industrie aux Îles Marshall était supérieure à celle de l'URSS (5,2%), du Japon (4,5%), des États-Unis (2,4%), de l'Allemagne (2,1%) et du Royaume-Uni (1,9%).

Les années 1980

Le secteur de l'industrie aux Îles Marshall était de 163 416,0 de dollars par an dans les années 1980, se classant au 185ème rang mondial. La part dans le monde était de 0,0000% et de 0,0003% en Océanie.

La part de l'industrie dans l'économie des Îles Marshall était de 0,36% dans les années 1980, au 185ème rang mondial.

L'industrie par habitant aux Îles Marshall était de 4.3 dollars dans les années 1980, au 185ème rang mondial. L'industrie par habitant aux Îles Marshall était 199,3 fois inférieure l'industrie par habitant au Monde (861,8 US$), et 594,8 fois inférieure l'industrie par habitant en Océanie (2 572,3 US$).

La croissance de l'industrie aux Îles Marshall était de 5.2% dans les années 1980, se situant au 50ème rang mondial. La croissance de l'industrie aux Îles Marshall (5,2%) a été supérieure à celle du monde (2,3%), et supérieure à celle de l'Océanie (2,9%).

Comparaison avec les voisins. La valeur de l'industrie aux Îles Marshall était inférieure à celle de Nauru (12,5 millions de dollars), des États fédérés de Micronésie (3,4 millions de dollars) et des Kiribati (2,0 millions de dollars). L'industrie par habitant aux Îles Marshall était inférieure à celle de Nauru (1 475,4 de dollars), des ÉFM (40,5 de dollars) et des Kiribati (30,8 de dollars). La croissance de l'industrie aux Îles Marshall était supérieure à celle des ÉFM (2,9%), de Nauru (-3,9%) et des Kiribati (-28,1%).

Comparaison avec les leaders. La valeur de l'industrie aux Îles Marshall était inférieure à celle des États-Unis (1,0 billions de dollars), du Japon (566,4 milliards de dollars), de l'URSS (305,7 milliards de dollars), de l'Allemagne (297,5 milliards de dollars) et du Royaume-Uni (171,2 milliards de dollars). L'industrie par habitant aux Îles Marshall était inférieure à celle du Japon (4 670,2 de dollars), des États-Unis (4 176,6 de dollars), de l'Allemagne (3 812,7 de dollars), du Royaume-Uni (3 032,7 de dollars) et de l'URSS (1 110,8 de dollars). La croissance de l'industrie aux Îles Marshall était supérieure à celle du Japon (4,2%), des États-Unis (1,9%), du Royaume-Uni (1,4%) et de l'Allemagne (1,2%); mais inférieure à celle de l'URSS (5,3%).

Les années 1990

L'industrie des Îles Marshall était de 2,9 millions de dollars par an dans les années 1990, se situant au 207ème rang mondial. La part dans le monde était de 0,0000% et de 0,0033% en Océanie.

La part de l'industrie dans l'économie des Îles Marshall était de 3,1% dans les années 1990, au 207ème rang mondial.

L'industrie par habitant aux Îles Marshall était de 59.1 dollars dans les années 1990, se situant au 182ème rang mondial, à égalité avec le Viêt Nam (60,2 de dollars). L'industrie par habitant aux Îles Marshall était 19,9 fois inférieure l'industrie par habitant au Monde (1 175,6 US$), et 52,0 fois inférieure l'industrie par habitant en Océanie (3 075,6 US$).

La croissance de l'industrie aux Îles Marshall était de 9.3% dans les années 1990, se situant au 23ème rang mondial, à égalité avec d'Anguilla (9,2%), les Îles Turks-et-Caïcos (9,2%). La croissance de l'industrie aux Îles Marshall (9,3%) a été supérieure à celle du monde (2,5%), et supérieure à celle de l'Océanie (2,3%).

Comparaison avec les voisins. La valeur ajoutée de l'industrie aux Îles Marshall était inférieure à celle de Nauru (10,3 millions de dollars), des ÉFM (7,3 millions de dollars) et des Kiribati (4,1 millions de dollars). L'industrie par habitant aux Îles Marshall était supérieure à celle des Kiribati (52,4 de dollars); mais inférieure à celle de Nauru (995,1 de dollars) et des États fédérés de Micronésie (69,8 de dollars). La croissance de l'industrie aux Îles Marshall était supérieure à celle des Kiribati (5,0%), des États fédérés de Micronésie (2,2%) et de Nauru (-6,3%).

Comparaison avec les leaders. Le secteur de l'industrie aux Îles Marshall était inférieur à celui des États-Unis (1,5 billions de dollars), du Japon (1,2 billions de dollars), de l'Allemagne (534,0 milliards de dollars), de la Chine (285,9 milliards de dollars) et du Royaume-Uni (268,6 milliards de dollars). L'industrie par habitant aux Îles Marshall était inférieure à celle du Japon (9 400,9 de dollars), de l'Allemagne (6 621,6 de dollars), des États-Unis (5 704,4 de dollars), du Royaume-Uni (4 639,8 de dollars) et de la Chine (231,9 de dollars). La croissance de l'industrie aux Îles Marshall était supérieure à celle des États-Unis (2,8%), du Japon (1,3%), du Royaume-Uni (1,2%) et de l'Allemagne (0,33%); mais inférieure à celle de la Chine (13,1%).

Les années 2000

Le secteur de l'industrie aux Îles Marshall était de 6,3 millions de dollars par an dans les années 2000, au 207ème rang mondial. La part dans le monde était de 0,0001% et de 0,0041% en Océanie.

La part de l'industrie dans l'économie des Îles Marshall était de 4,9% dans les années 2000, se classant au 202ème rang mondial, à égalité avec Montserrat (4,9%), la Micronésie (4,8%).

L'industrie par habitant aux Îles Marshall était de 115.9 dollars dans les années 2000, se classant au 170ème rang mondial, à égalité avec l'Ouzbékistan (115,7 de dollars). L'industrie par habitant aux Îles Marshall était 13,6 fois inférieure l'industrie par habitant au Monde (1 573,8 US$), et 39,4 fois inférieure l'industrie par habitant en Océanie (4 570,1 US$).

La croissance de l'industrie aux Îles Marshall était de 3.4% dans les années 2000, se classant au 81ème rang mondial. La croissance de l'industrie aux Îles Marshall (3,4%) a été supérieure à celle du monde (2,9%), et supérieure à celle de l'Océanie (1,8%).

Comparaison avec les voisins. La valeur ajoutée de l'industrie aux Îles Marshall était supérieure à celle des Kiribati (6,1 millions de dollars); mais inférieure à celle de Nauru (8,2 millions de dollars) et des ÉFM (7,2 millions de dollars). L'industrie par habitant aux Îles Marshall était supérieure à celle des États fédérés de Micronésie (67,9 de dollars) et des Kiribati (65,8 de dollars); mais inférieure à celle de Nauru (820,0 de dollars). La croissance de l'industrie aux Îles Marshall était supérieure à celle des Kiribati (1,5%), de Nauru (0,23%) et des États fédérés de Micronésie (-4,3%).

Comparaison avec les leaders. L'industrie des Îles Marshall était inférieure à celle des États-Unis (2,1 billions de dollars), du Japon (1,1 billions de dollars), de la Chine (1,1 billions de dollars), de l'Allemagne (629,4 milliards de dollars) et du Royaume-Uni (345,1 milliards de dollars). L'industrie par habitant aux Îles Marshall était inférieure à celle du Japon (8 848,8 de dollars), de l'Allemagne (7 732,1 de

Chapitre V. Industrie

dollars), des États-Unis (7 144,5 de dollars), du Royaume-Uni (5 710,8 de dollars) et de la Chine (795,3 de dollars). La croissance de l'industrie aux Îles Marshall était supérieure à celle des États-Unis (1,5%), de l'Allemagne (0,19%), du Japon (0,15%) et du Royaume-Uni (-1,1%); mais inférieure à celle de la Chine (11,1%).

Les années 2010

La valeur ajoutée de l'industrie aux Îles Marshall était de 12,6 millions de dollars par an dans les années 2010, se situant au 206ème rang mondial. La part dans le monde était de 0,0001% et de 0,0045% en Océanie.

La part de l'industrie dans l'économie des Îles Marshall était de 6,6% dans les années 2010, se situant au 190ème rang mondial, à égalité avec l'Éthiopie (6,7%).

L'industrie par habitant aux Îles Marshall était de 220 dollars dans les années 2010, se classant au 172ème rang mondial, à égalité avec le Kirghizistan (217,5 de dollars). L'industrie par habitant aux Îles Marshall était 10,5 fois inférieure l'industrie par habitant au Monde (2 320,9 US$), et 32,4 fois inférieure l'industrie par habitant en Océanie (7 127,9 US$).

La croissance de l'industrie aux Îles Marshall était de 11.5% dans les années 2010, se classant au 7ème rang mondial. La croissance de l'industrie aux Îles Marshall (11,5%) a été supérieure à celle du monde (3,5%), et supérieure à celle de l'Océanie (2,6%).

Comparaison avec les voisins. La valeur de l'industrie aux Îles Marshall était 19,3% supérieure à celle des Kiribati (10,6 millions de dollars) et 36,1% supérieure à celle des États fédérés de Micronésie (9,3 millions de dollars); mais 3,3 fois inférieure à celle de Nauru (41,8 millions de dollars). L'industrie par habitant aux Îles Marshall était 2,3 fois supérieure à celle des Kiribati (96,1 de dollars) et 2,6 fois supérieure à celle des ÉFM (85,8 de dollars); mais 18,3 fois inférieure à celle de Nauru (4 032,1 de dollars). La croissance de l'industrie aux Îles Marshall était supérieure à celle de Nauru (6,7%), des États fédérés de Micronésie (1,8%) et des Kiribati (1,1%).

Comparaison avec les leaders. La valeur ajoutée de l'industrie aux Îles Marshall était 291 568,3 fois inférieure à celle de la Chine (3,7 billions de dollars), 217 033,9 fois inférieure à celle des États-Unis (2,7 billions de dollars), 94 235,6 fois inférieure à celle du Japon (1,2 billions de dollars), 66 493,8 fois inférieure à celle de l'Allemagne (840,0 milliards de dollars) et 35 098,5 fois inférieure à celle de l'Inde (443,4 milliards de dollars). L'industrie par habitant aux Îles Marshall était 46,6 fois inférieure à celle de l'Allemagne (10 261,3 de dollars), 42,3 fois inférieure à celle du Japon (9 305,3 de dollars), 39,0 fois inférieure à celle des États-Unis (8 581,2 de dollars), 11,9 fois inférieure à celle de la Chine (2 626,2 de dollars) et 35,4% inférieure à celle de l'Inde (340,6 de dollars). La croissance de l'industrie aux Îles Marshall était supérieure à celle de la Chine (7,5%), de l'Inde (6,5%), de l'Allemagne (3,2%), du Japon (2,6%) et des États-Unis (2,2%).

Chapitre 5.1. Fabrication

(ISIC D)

La valeur ajoutée de la fabrication aux Îles Marshall est passé de 122 222,0 de dollars par an dans les années 1970 à 3,8 millions de dollars par an dans les années 2010, c'est-à-dire 3,6 millions de dollars ou de 30,8 fois. La variation a été de 3,3 millions de dollars en raison de l'augmentation de 7,5 fois des prix, et de 224 154,8 de dollars en raison de la croissance de productivité de 1,8 fois, et de 159 152,9 de dollars en raison de la croissance démographique. La croissance annuelle moyenne de la fabrication était de 4,9%. La valeur minimale était de 65 403,0 de dollars en 1970. La valeur maximale était de 8,9 millions de dollars en 2018.

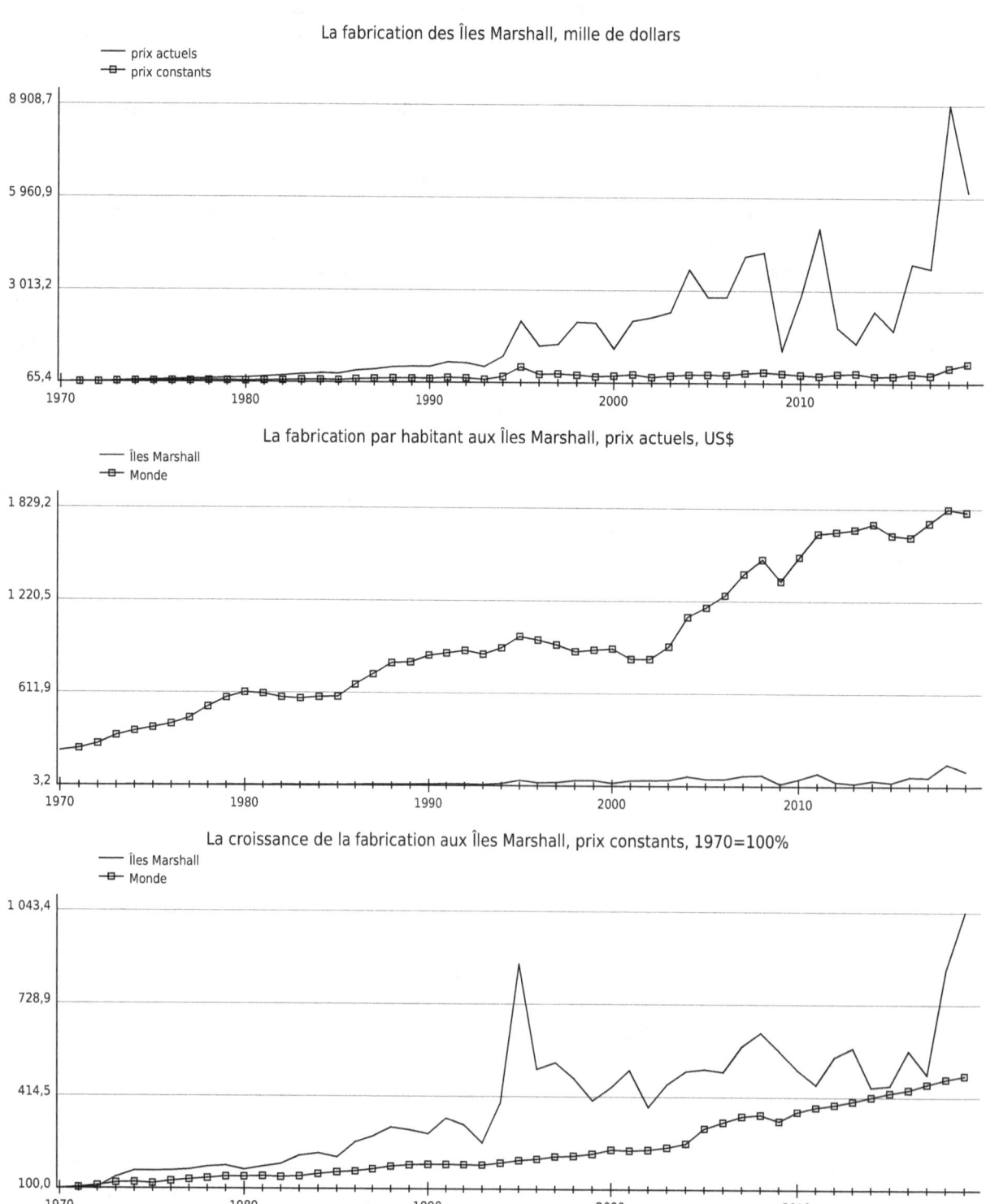

Chapitre 5.1. Fabrication

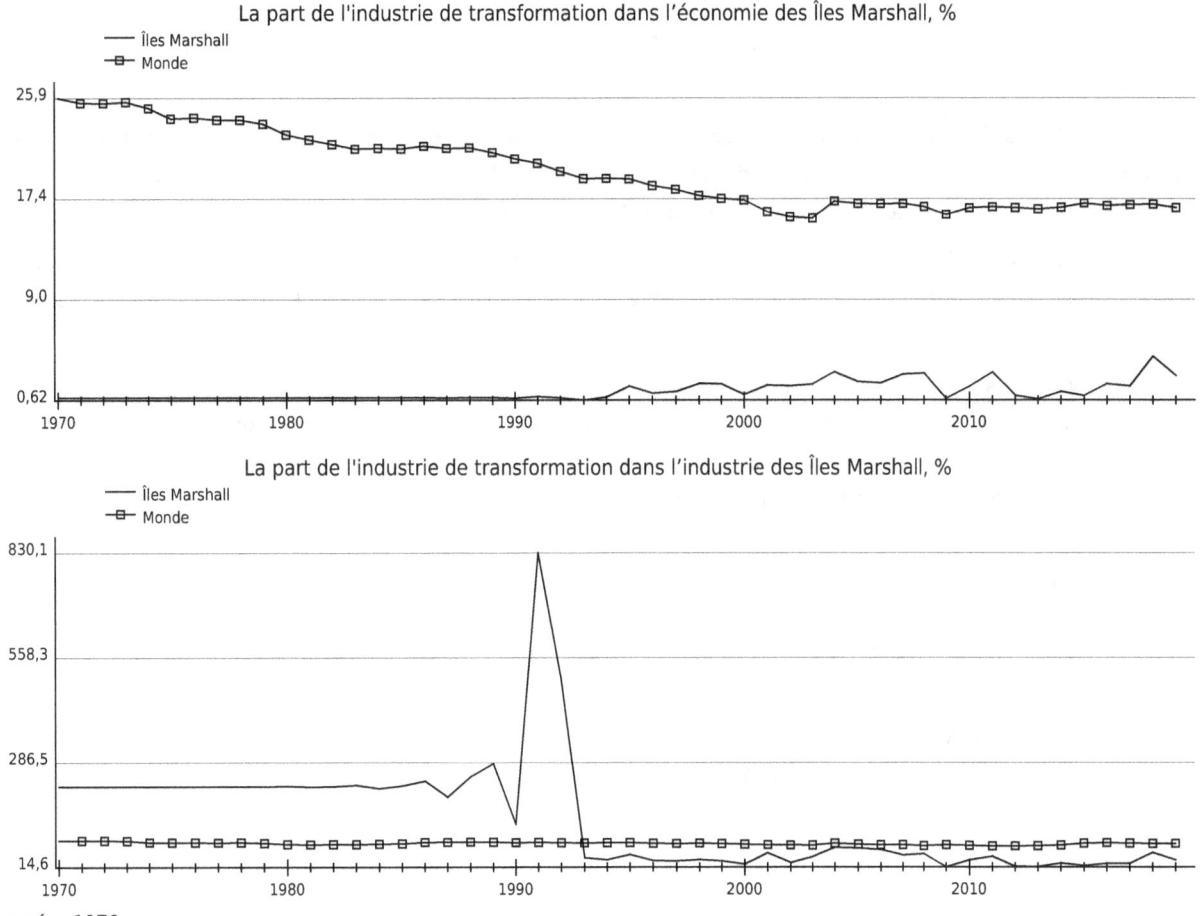

Les années 1970

La valeur ajoutée de l'industrie de transformation aux Îles Marshall était de 122 222,0 de dollars par an dans les années 1970, se classant au 182ème rang mondial. La part dans le monde était de 0,0000% et de 0,0006% en Océanie.

La part de la fabrication dans l'économie des Îles Marshall était de 0,84% dans les années 1970, se classant au 182ème rang mondial.

La fabrication par habitant aux Îles Marshall était de 4.9 dollars dans les années 1970, se classant au 181ème rang mondial. La fabrication par habitant aux Îles Marshall était 78,2 fois inférieure la fabrication par habitant au Monde (383,2 US$), et 208,3 fois inférieure la fabrication par habitant en Océanie (1 020,6 US$).

La croissance de l'industrie de transformation aux Îles Marshall était de 6.6% dans les années 1970, au 55ème rang mondial, à égalité avec la Colombie (6,5%), Micronésie (6,6%). La croissance de la fabrication aux Îles Marshall (6,6%) a été supérieure à celle du monde (3,8%), et supérieure à celle de l'Océanie (2,1%).

Comparaison avec les voisins. La valeur ajoutée de la fabrication aux Îles Marshall était inférieure à celle des Kiribati (1,2 millions de dollars), des États fédérés de Micronésie (572 573,7 de dollars) et de Nauru (548 531,4 de dollars). La fabrication par habitant aux Îles Marshall était inférieure à celle de Nauru (77,3 de dollars), des Kiribati (22,1 de dollars) et des ÉFM (8,9 de dollars). La croissance de la fabrication aux Îles Marshall était supérieure à celle des États fédérés de Micronésie (6,6%) et de Nauru (1,1%).

Comparaison avec les leaders. Le secteur de l'industrie de transformation aux Îles Marshall était inférieur à celui des États-Unis (378,0 milliards de dollars), de l'URSS (248,8 milliards de dollars), du Japon (169,3 milliards de dollars), de l'Allemagne (138,0 milliards de dollars) et de la France (64,5 milliards de dollars). La fabrication par habitant aux Îles Marshall était inférieure à celle de l'Allemagne (1 752,1 de dollars), des États-Unis (1 731,8 de dollars), du Japon (1 520,6 de dollars), de la France (1 203,0 de dollars) et de l'URSS (986,6 de dollars). La croissance de la fabrication aux Îles Marshall était supérieure à celle de l'URSS (5,2%), du Japon (4,5%), de la France (3,5%), des États-Unis (2,7%) et de l'Allemagne (2,1%).

Les années 1980

La fabrication des Îles Marshall était de 378 673,4 de dollars par an dans les années 1980, se classant au 182ème rang mondial. La part dans le monde était de 0,0000% et de 0,0009% en Océanie.

La part de l'industrie de transformation dans l'économie des Îles Marshall était de 0,84% dans les années 1980, se situant au 183ème rang mondial.

La fabrication par habitant aux Îles Marshall était de 10 dollars dans les années 1980, se classant au 180ème rang mondial, à égalité avec la Guinée équatoriale (9,9 dollars). La fabrication par habitant aux Îles Marshall était 66,0 fois inférieure la fabrication par habitant au Monde (661,2 US$), et 165,3 fois inférieure la fabrication par habitant en Océanie (1 656,8 US$).

La croissance de l'industrie de transformation aux Îles Marshall était de 5.4% dans les années 1980, se classant au 49ème rang mondial, à égalité avec la Bulgarie (5,3%), l'Asie (5,4%). La croissance de la fabrication aux Îles Marshall (5,4%) a été supérieure à celle du monde (2,6%), et supérieure à celle de l'Océanie (1,5%).

Comparaison avec les voisins. La valeur de la fabrication aux Îles Marshall était inférieure à celle des Kiribati (1,5 millions de dollars), des États fédérés de Micronésie (1,4 millions de dollars) et de Nauru (743 673,8 de dollars). La fabrication par habitant aux Îles Marshall était inférieure à celle de Nauru (88,0 de dollars), des Kiribati (22,7 de dollars) et des ÉFM (16,7 de dollars). La croissance de l'industrie de transformation aux Îles Marshall était supérieure à celle des États fédérés de Micronésie (2,9%), des Kiribati (1,5%) et de Nauru (-2,4%).

Comparaison avec les leaders. La valeur de l'industrie de transformation aux Îles Marshall était inférieure à celle des États-Unis (789,4 milliards de dollars), du Japon (501,0 milliards de dollars), de l'URSS (305,7 milliards de dollars), de l'Allemagne (258,7 milliards de dollars) et de l'Italie (134,1 milliards de dollars). La fabrication par habitant aux Îles Marshall était inférieure à celle du Japon (4 131,0 de dollars), de l'Allemagne (3 316,0 de dollars), des États-Unis (3 296,4 de dollars), de l'Italie (2 359,9 de dollars) et de l'URSS (1 110,8 de dollars). La croissance de la fabrication aux Îles Marshall était supérieure à celle de l'URSS (5,3%), du Japon (4,4%), de l'Italie (2,5%), des États-Unis (1,9%) et de l'Allemagne (1,2%).

Les années 1990

La valeur ajoutée de l'industrie de transformation aux Îles Marshall était de 1,2 millions de dollars par an dans les années 1990, se classant au 205ème rang mondial. La part dans le monde était de 0,0000% et de 0,0021% en Océanie.

La part de l'industrie de transformation dans l'économie des Îles Marshall était de 1,3% dans les années 1990, au 205ème rang mondial.

La fabrication par habitant aux Îles Marshall était de 24 dollars dans les années 1990, au 187ème rang mondial, à égalité avec l'Ouganda (23,7 de dollars), le Tchad (24,6 de dollars). La fabrication par habitant aux Îles Marshall était 37,8 fois inférieure la fabrication par habitant au Monde (908,4 US$), et 82,7 fois inférieure la fabrication par habitant en Océanie (1 986,6 US$).

La croissance de l'industrie de transformation aux Îles Marshall était de 3% dans les années 1990, se situant au 83ème rang mondial, à égalité avec les Amériques (3,0%), le Tchad (3,0%). La croissance de la fabrication aux Îles Marshall (3,0%) a été supérieure à celle du monde (2,0%), et supérieure à celle de l'Océanie (1,3%).

Comparaison avec les voisins. La valeur ajoutée de l'industrie de transformation aux Îles Marshall était supérieure à celle de Nauru (688 669,3 de dollars); mais inférieure à celle des Kiribati (3,2 millions de dollars) et des États fédérés de Micronésie (2,8 millions de dollars). La fabrication par habitant aux Îles Marshall était inférieure à celle de Nauru (66,8 de dollars), des Kiribati (41,8 de dollars) et des ÉFM (26,8 de dollars). La croissance de la fabrication aux Îles Marshall était supérieure à celle des États fédérés de Micronésie (2,7%) et de Nauru (-12,7%); mais inférieure à celle des Kiribati (4,8%).

Comparaison avec les leaders. La valeur de l'industrie de transformation aux Îles Marshall était inférieure à celle des États-Unis (1,2 billions de dollars), du Japon (1,0 billions de dollars), de l'Allemagne (468,8 milliards de dollars), de l'Italie (227,8 milliards de dollars) et de la France (215,0 milliards de dollars). La fabrication par habitant aux Îles Marshall était inférieure à celle du Japon (8 305,2 de dollars), de l'Allemagne (5 813,5 de dollars), des États-Unis (4 707,3 de dollars), de l'Italie (3 994,1 de dollars) et de la France (3 621,1 de dollars). La croissance de l'industrie de transformation aux Îles Marshall était supérieure à celle de la France (2,4%), de l'Italie (1,2%), du Japon (1,1%) et de l'Allemagne (0,26%); mais inférieure à celle des États-Unis (3,2%).

Les années 2000

Le secteur de la fabrication aux Îles Marshall était de 2,6 millions de dollars par an dans les années 2000, se situant au 206ème rang mondial. La part dans le monde était de 0,0000% et de 0,0032% en Océanie.

Chapitre 5.1. Fabrication

La part de l'industrie de transformation dans l'économie des Îles Marshall était de 2,0% dans les années 2000, se situant au 201ème rang mondial.

La fabrication par habitant aux Îles Marshall était de 48.7 dollars dans les années 2000, se situant au 185ème rang mondial, à égalité avec la République centrafricaine (48,9 de dollars), la Birmanie (48,0 de dollars). La fabrication par habitant aux Îles Marshall était 23,4 fois inférieure la fabrication par habitant au Monde (1 138,1 US$), et 51,0 fois inférieure la fabrication par habitant en Océanie (2 480,4 US$).

La croissance de l'industrie de transformation aux Îles Marshall était de 3.6% dans les années 2000, au 87ème rang mondial, à égalité avec le Togo (3,6%), la Russie (3,6%). La croissance de la fabrication aux Îles Marshall (3,6%) a été inférieure à celle du monde (4,2%), et supérieure à celle de l'Océanie (0,79%).

Comparaison avec les voisins. La valeur de la fabrication aux Îles Marshall était supérieure à celle des ÉFM (2,6 millions de dollars); mais inférieure à celle des Kiribati (4,9 millions de dollars) et de Nauru (2,7 millions de dollars). La fabrication par habitant aux Îles Marshall était supérieure à celle des ÉFM (24,3 de dollars); mais inférieure à celle de Nauru (270,9 de dollars) et des Kiribati (53,8 de dollars). La croissance de la fabrication aux Îles Marshall était supérieure à celle des Kiribati (1,2%) et des ÉFM (-12,3%); mais inférieure à celle de Nauru (29,2%).

Comparaison avec les leaders. Le secteur de la fabrication aux Îles Marshall était inférieur à celui des États-Unis (1,6 billions de dollars), de la Chine (1,1 billions de dollars), du Japon (992,9 milliards de dollars), de l'Allemagne (551,4 milliards de dollars) et de l'Italie (277,2 milliards de dollars). La fabrication par habitant aux Îles Marshall était inférieure à celle du Japon (7 746,3 de dollars), de l'Allemagne (6 773,6 de dollars), des États-Unis (5 600,5 de dollars), de l'Italie (4 780,8 de dollars) et de la Chine (815,3 de dollars). La croissance de l'industrie de transformation aux Îles Marshall était supérieure à celle des États-Unis (1,6%), du Japon (0,32%), de l'Allemagne (0,097%) et de l'Italie (-1,3%).

Les années 2010

La fabrication des Îles Marshall était de 3,8 millions de dollars par an dans les années 2010, se classant au 207ème rang mondial. La part dans le monde était de 0,0000% et de 0,0034% en Océanie.

La part de l'industrie de transformation dans l'économie des Îles Marshall était de 2,0% dans les années 2010, se classant au 200ème rang mondial.

La fabrication par habitant aux Îles Marshall était de 65.6 dollars dans les années 2010, se classant au 189ème rang mondial, à égalité avec l'Est (66,2 de dollars), Djibouti (64,8 de dollars). La fabrication par habitant aux Îles Marshall était 25,9 fois inférieure la fabrication par habitant au Monde (1 697,4 US$), et 43,4 fois inférieure la fabrication par habitant en Océanie (2 847,4 US$).

La croissance de la fabrication aux Îles Marshall était de 6.2% dans les années 2010, au 31ème rang mondial, à égalité avec l'Est (6,2%), l'Asie centrale (6,3%). La croissance de l'industrie de transformation aux Îles Marshall (6,2%) a été supérieure à celle du monde (3,9%), et supérieure à celle de l'Océanie (-0,27%).

Comparaison avec les voisins. La fabrication des Îles Marshall était 2,4 fois supérieure à celle des États fédérés de Micronésie (1,5 millions de dollars); mais 6,3 fois inférieure à celle de Nauru (23,7 millions de dollars) et 2,2 fois inférieure à celle des Kiribati (8,4 millions de dollars). La fabrication par habitant aux Îles Marshall était 4,6 fois supérieure à celle des ÉFM (14,3 de dollars); mais 34,9 fois inférieure à celle de Nauru (2 291,6 de dollars) et 13,7% inférieure à celle des Kiribati (76,0 de dollars). La croissance de la fabrication aux Îles Marshall était supérieure à celle de Nauru (5,7%), des ÉFM (5,2%) et des Kiribati (0,55%).

Comparaison avec les leaders. La valeur de la fabrication aux Îles Marshall était 827 009,3 fois inférieure à celle de la Chine (3,1 billions de dollars), 549 690,3 fois inférieure à celle des États-Unis (2,1 billions de dollars), 281 412,4 fois inférieure à celle du Japon (1,1 billions de dollars), 195 180,8 fois inférieure à celle de l'Allemagne (735,2 milliards de dollars) et 103 675,1 fois inférieure à celle de la Corée du Sud (390,5 milliards de dollars). La fabrication par habitant aux Îles Marshall était 136,9 fois inférieure à celle de l'Allemagne (8 981,7 de dollars), 126,3 fois inférieure à celle du Japon (8 286,2 de dollars), 117,7 fois inférieure à celle de la Corée du Sud (7 723,3 de dollars), 98,8 fois inférieure à celle des États-Unis (6 481,0 de dollars) et 33,9 fois inférieure à celle de la Chine (2 221,3 de dollars). La croissance de la fabrication aux Îles Marshall était supérieure à celle de la Corée du Sud (3,8%), de l'Allemagne (3,5%), du Japon (3,0%) et des États-Unis (1,9%); mais inférieure à celle de la Chine (7,5%).

Chapitre VI. Construction

(ISIC F)

La valeur de la construction aux Îles Marshall est passé de 1,8 millions de dollars par an dans les années 1970 à 11,0 millions de dollars par an dans les années 2010, c'est-à-dire 9,2 millions de dollars ou de 6,2 fois. La variation a été de 8,1 millions de dollars en raison de l'augmentation de 3,9 fois des prix, et de -1,3 millions de dollars en raison de la baisse de productivité de 1,4 fois, et de 2,3 millions de dollars en raison de la croissance démographique. La croissance annuelle moyenne de la construction était de 2,3%. La valeur minimale était de 950 902,0 de dollars en 1970. La valeur maximale était de 13,2 millions de dollars en 2019.

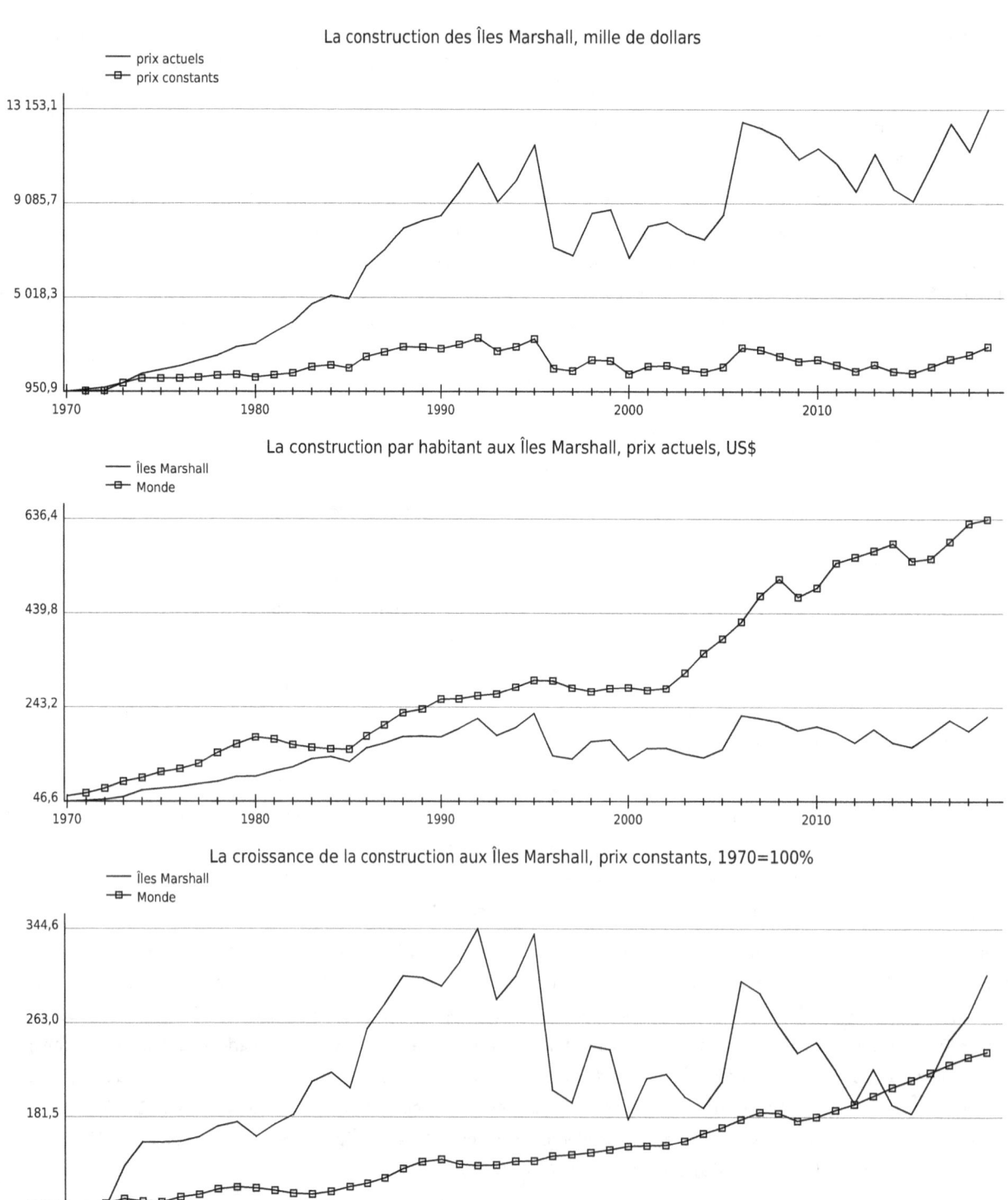

Chapitre VI. Construction

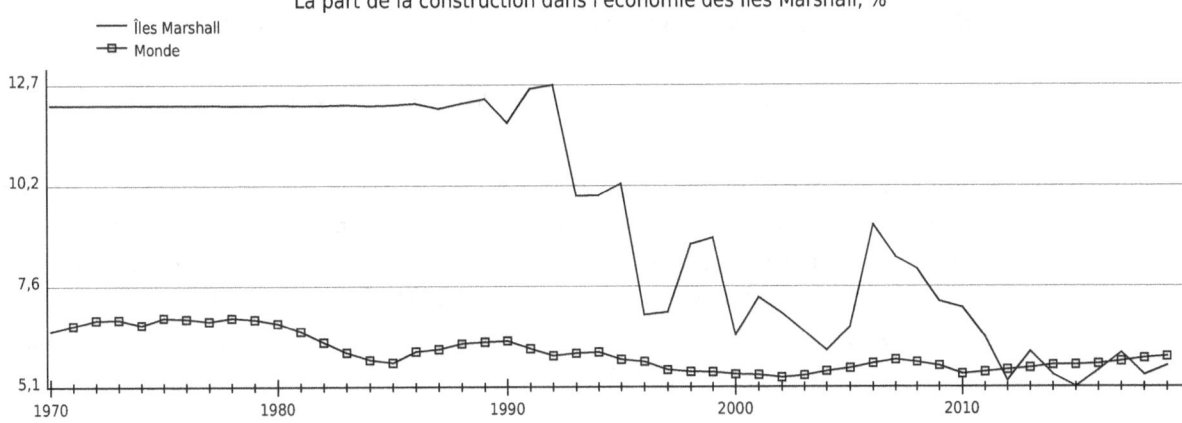

Les années 1970

La valeur ajoutée de la construction aux Îles Marshall était de 1,8 millions de dollars par an dans les années 1970, se situant au 171ème rang mondial à égalité avec les Seychelles (1,7 millions de dollars). La part dans le monde était de 0,0004% et de 0,020% en Océanie.

La part de la construction dans l'économie des Îles Marshall était de 12,2% dans les années 1970, au 11ème rang mondial.

La construction par habitant aux Îles Marshall était de 71.3 dollars dans les années 1970, se situant au 79ème rang mondial, à égalité avec Saint-Christophe-et-Niévès (70,5 de dollars), Macao (72,5 de dollars), le Guyana (72,5 de dollars). La construction par habitant aux Îles Marshall était 32,9% inférieure la construction par habitant au Monde (106,1 US$), et 5,8 fois inférieure la construction par habitant en Océanie (415,3 US$).

La croissance de la construction aux Îles Marshall était de 6.6% dans les années 1970, se classant au 64ème rang mondial, à égalité avec l'Amérique centrale (6,5%), Micronésie (6,6%), l'Afrique de l'Ouest (6,6%). La croissance de la construction aux Îles Marshall (6,6%) a été supérieure à celle du monde (2,1%), et supérieure à celle de l'Océanie (1,7%).

Comparaison avec les voisins. La valeur de la construction aux Îles Marshall était supérieure à celle des États fédérés de Micronésie (1,7 millions de dollars) et de Nauru (1,1 millions de dollars); mais inférieure à celle des Kiribati (1,8 millions de dollars). La construction par habitant aux Îles Marshall était supérieure à celle des Kiribati (33,6 de dollars) et des États fédérés de Micronésie (26,0 de dollars); mais inférieure à celle de Nauru (161,4 de dollars). La croissance de la construction aux Îles Marshall était supérieure à celle des ÉFM (6,6%) et de Nauru (1,1%); mais inférieure à celle des Kiribati (8,4%).

Comparaison avec les leaders. La valeur de la construction aux Îles Marshall était inférieure à celle des États-Unis (81,1 milliards de dollars), de l'URSS (52,5 milliards de dollars), du Japon (43,5 milliards de dollars), de l'Allemagne (33,8 milliards de dollars) et de la France (22,4 milliards de dollars). La construction par habitant aux Îles Marshall était inférieure à celle de l'Allemagne (428,6 de dollars), de la France (417,3 de dollars), du Japon (390,8 de dollars), des États-Unis (371,5 de dollars) et de l'URSS (208,1 de dollars). La croissance de la construction aux Îles Marshall était supérieure à celle de l'URSS (6,5%), du Japon (3,4%), de la France (2,0%), de l'Allemagne (0,66%) et des États-Unis (0,31%).

Les années 1980

La valeur de la construction aux Îles Marshall était de 5,5 millions de dollars par an dans les années 1980, se classant au 169ème rang mondial. La part dans le monde était de 0,0006% et de 0,033% en Océanie.

La part de la construction dans l'économie des Îles Marshall était de 12,2% dans les années 1980, se classant au 10ème rang mondial, à égalité avec la Mongolie (12,3%).

La construction par habitant aux Îles Marshall était de 145.7 dollars dans les années 1980, se situant au 72ème rang mondial, à égalité avec Porto Rico (145,6 de dollars), les Caraïbes (143,1 de dollars). La construction par habitant aux Îles Marshall était 21,7% inférieure la construction par habitant au Monde (186,2 US$), et 4,6 fois inférieure la construction par habitant en Océanie (677,4 US$).

La croissance de la construction aux Îles Marshall était de 5.5% dans les années 1980, se situant au 37ème rang mondial, à égalité avec Saint-Vincent-et-les-Grenadines (5,5%), le Chili (5,5%). La croissance de la construction aux Îles Marshall (5,5%) a été supérieure à celle du monde (1,7%), et supérieure à celle de l'Océanie (2,8%).

Comparaison avec les voisins. La valeur de la construction aux Îles Marshall était supérieure à celle des ÉFM (4,1 millions de dollars), de Nauru (1,6 millions de dollars) et des Kiribati (998 981,4 de dollars). La construction par habitant aux Îles Marshall était supérieure à celle des ÉFM (48,8 de dollars) et des Kiribati (15,6 de dollars); mais inférieure à celle de Nauru (183,8 de dollars). La croissance de la construction aux Îles Marshall était supérieure à celle des États fédérés de Micronésie (2,9%), de Nauru (-2,4%) et des Kiribati (-11,6%).

Comparaison avec les leaders. Le secteur de la construction aux Îles Marshall était inférieur à celui des États-Unis (180,6 milliards de dollars), du Japon (138,7 milliards de dollars), de l'URSS (72,1 milliards de dollars), de l'Allemagne (57,8 milliards de dollars) et de la France (42,5 milliards de dollars). La construction par habitant aux Îles Marshall était inférieure à celle du Japon (1 143,9 de dollars), des États-Unis (754,4 de dollars), de la France (751,9 de dollars), de l'Allemagne (740,2 de dollars) et de l'URSS (262,0 de dollars). La croissance de la construction aux Îles Marshall était supérieure à celle du Japon (2,1%), des États-Unis (1,1%), de la France (0,67%) et de l'Allemagne (-0,52%); mais inférieure à celle de l'URSS (6,2%).

Les années 1990

La valeur de la construction aux Îles Marshall était de 9,1 millions de dollars par an dans les années 1990, se classant au 196ème rang mondial à égalité avec les Îles Vierges britanniques (9,0 millions de dollars). La part dans le monde était de 0,0006% et de 0,036% en Océanie.

La part de la construction dans l'économie des Îles Marshall était de 9,7% dans les années 1990, se classant au 17ème rang mondial, à égalité avec Chypre (9,7%).

La construction par habitant aux Îles Marshall était de 183.6 dollars dans les années 1990, se classant au 81ème rang mondial, à égalité avec le Gabon (182,3 de dollars), le Liban (181,9 de dollars), la Jamaïque (179,7 de dollars). La construction par habitant aux Îles Marshall était 34,1% inférieure la construction par habitant au Monde (278,6 US$), et 4,8 fois inférieure la construction par habitant en Océanie (881,0 US$).

La croissance de la construction aux Îles Marshall était de -2.3% dans les années 1990, se classant au 164ème rang mondial. La croissance de la construction aux Îles Marshall (-2,3%) a été inférieure à celle du monde (0,71%), et inférieure à celle de l'Océanie (3,0%).

Comparaison avec les voisins. Le secteur de la construction aux Îles Marshall était supérieur à celui des ÉFM (7,7 millions de dollars), de Nauru (1,4 millions de dollars) et des Kiribati (1,3 millions de dollars). La construction par habitant aux Îles Marshall était supérieure à celle de Nauru (139,4 de dollars), des États fédérés de Micronésie (73,3 de dollars) et des Kiribati (17,2 de dollars). La croissance de la construction aux Îles Marshall était supérieure à celle de Nauru (-13,6%); mais inférieure à celle des Kiribati (6,0%) et des États fédérés de Micronésie (1,4%).

Comparaison avec les leaders. Le secteur de la construction aux Îles Marshall était inférieur à celui du Japon (343,2 milliards de dollars), des États-Unis (299,1 milliards de dollars), de l'Allemagne (125,2 milliards de dollars), du Royaume-Uni (69,8 milliards de dollars) et de la France (68,8 milliards de dollars). La construction par habitant aux Îles Marshall était inférieure à celle du Japon (2 721,7 de dollars), de l'Allemagne (1 552,3 de dollars), du Royaume-Uni (1 205,1 de dollars), de la France (1 158,8 de dollars) et des États-Unis (1 131,2 de dollars). La croissance de la construction aux Îles Marshall était inférieure à celle des États-Unis (1,8%), de l'Allemagne (-0,047%), du Royaume-Uni (-0,34%), de la France (-0,65%) et du Japon (-1,0%).

Les années 2000

La valeur de la construction aux Îles Marshall était de 9,5 millions de dollars par an dans les années 2000, se classant au 202ème rang mondial. La part dans le monde était de 0,0004% et de 0,017% en Océanie.

La part de la construction dans l'économie des Îles Marshall était de 7,3% dans les années 2000, au 57ème rang mondial, à égalité avec l'Australie (7,4%), l'Iran (7,3%).

La construction par habitant aux Îles Marshall était de 175 dollars dans les années 2000, se situant au 113ème rang mondial, à égalité avec l'Azerbaïdjan (173,6 de dollars), le Gabon (178,6 de dollars). La construction par habitant aux Îles Marshall était 2,2 fois inférieure la construction par habitant au Monde (381,3 US$), et 9,4 fois inférieure la construction par habitant en Océanie (1 644,6 US$).

La croissance de la construction aux Îles Marshall était de -0.1% dans les années 2000, se classant au 185ème rang mondial. La croissance de la construction aux Îles Marshall (-0,12%) a été inférieure à celle du monde (1,5%), et inférieure à celle de l'Océanie

Chapitre VI. Construction

(4,8%).

Comparaison avec les voisins. La valeur ajoutée de la construction aux Îles Marshall était supérieure à celle des États fédérés de Micronésie (7,6 millions de dollars), des Kiribati (5,0 millions de dollars) et de Nauru (1,2 millions de dollars). La construction par habitant aux Îles Marshall était supérieure à celle de Nauru (121,4 de dollars), des ÉFM (71,8 de dollars) et des Kiribati (53,9 de dollars). La croissance de la construction aux Îles Marshall était supérieure à celle de Nauru (-1,3%); mais inférieure à celle des Kiribati (2,9%) et des États fédérés de Micronésie (1,9%).

Comparaison avec les leaders. La construction des Îles Marshall était inférieure à celle des États-Unis (583,0 milliards de dollars), du Japon (270,5 milliards de dollars), de la Chine (150,1 milliards de dollars), du Royaume-Uni (132,1 milliards de dollars) et de l'Espagne (111,8 milliards de dollars). La construction par habitant aux Îles Marshall était supérieure à celle de la Chine (113,1 de dollars); mais inférieure à celle de l'Espagne (2 560,2 de dollars), du Royaume-Uni (2 186,4 de dollars), du Japon (2 110,1 de dollars) et des États-Unis (1 983,7 de dollars). La croissance de la construction aux Îles Marshall était supérieure à celle des États-Unis (-2,6%) et du Japon (-3,9%); mais inférieure à celle de la Chine (11,9%), de l'Espagne (1,7%) et du Royaume-Uni (0,17%).

Les années 2010

La valeur ajoutée de la construction aux Îles Marshall était de 11,0 millions de dollars par an dans les années 2010, se classant au 207ème rang mondial. La part dans le monde était de 0,0003% et de 0,0088% en Océanie.

La part de la construction dans l'économie des Îles Marshall était de 5,8% dans les années 2010, se classant au 116ème rang mondial, à égalité avec la France (5,7%), l'Ouzbékistan (5,7%), l'Afrique (5,8%).

La construction par habitant aux Îles Marshall était de 191.3 dollars dans les années 2010, se situant au 133ème rang mondial, à égalité avec les Philippines (190,5 de dollars), le Salvador (193,9 de dollars), la Libye (188,6 de dollars). La construction par habitant aux Îles Marshall était 3,0 fois inférieure la construction par habitant au Monde (572,1 US$), et 16,6 fois inférieure la construction par habitant en Océanie (3 171,9 US$).

La croissance de la construction aux Îles Marshall était de 2.6% dans les années 2010, se classant au 115ème rang mondial. La croissance de la construction aux Îles Marshall (2,6%) a été inférieure à celle du monde (2,9%), et supérieure à celle de l'Océanie (1,7%).

Comparaison avec les voisins. La valeur de la construction aux Îles Marshall était 3,3 fois supérieure à celle de Nauru (3,4 millions de dollars); mais 28,2% inférieure à celle des Kiribati (15,3 millions de dollars) et 12,3% inférieure à celle des ÉFM (12,5 millions de dollars). La construction par habitant aux Îles Marshall était 37,9% supérieure à celle des Kiribati (138,7 de dollars) et 65,1% supérieure à celle des ÉFM (115,9 de dollars); mais 41,0% inférieure à celle de Nauru (324,1 de dollars). La croissance de la construction aux Îles Marshall était supérieure à celle des États fédérés de Micronésie (-8,6%); mais inférieure à celle des Kiribati (12,3%) et de Nauru (8,2%).

Comparaison avec les leaders. La valeur de la construction aux Îles Marshall était 66 580,6 fois inférieure à celle de la Chine (731,1 milliards de dollars), 62 000,1 fois inférieure à celle des États-Unis (680,8 milliards de dollars), 25 377,5 fois inférieure à celle du Japon (278,7 milliards de dollars), 15 308,2 fois inférieure à celle de l'Inde (168,1 milliards de dollars) et 13 954,3 fois inférieure à celle de l'Allemagne (153,2 milliards de dollars). La construction par habitant aux Îles Marshall était 48,1% supérieure à celle de l'Inde (129,1 de dollars); mais 11,4 fois inférieure à celle du Japon (2 178,3 de dollars), 11,1 fois inférieure à celle des États-Unis (2 130,9 de dollars), 9,8 fois inférieure à celle de l'Allemagne (1 871,9 de dollars) et 2,7 fois inférieure à celle de la Chine (521,3 de dollars). La croissance de la construction aux Îles Marshall était supérieure à celle de l'Allemagne (1,8%), du Japon (1,7%) et des États-Unis (1,4%); mais inférieure à celle de la Chine (8,2%) et de l'Inde (5,2%).

Chapitre VII. Transport

Transport et stockage (ISIC I)

Le transport des Îles Marshall est passé de 5,8 millions de dollars par an dans les années 1990 à 17,3 millions de dollars par an dans les années 2010, c'est-à-dire 11,5 millions de dollars ou de 3,0 fois. La variation a été de 4,1 millions de dollars en raison de l'augmentation de 1,3 fois des prix, et de -205 459,8 de dollars en raison de la baisse de productivité de 1,0 fois, et de 7,6 millions de dollars en raison de la croissance démographique. La croissance annuelle moyenne du transport était de nan%. La valeur minimale était de -4,5 millions de dollars en 1991. La valeur maximale était de 21,8 millions de dollars en 2019.

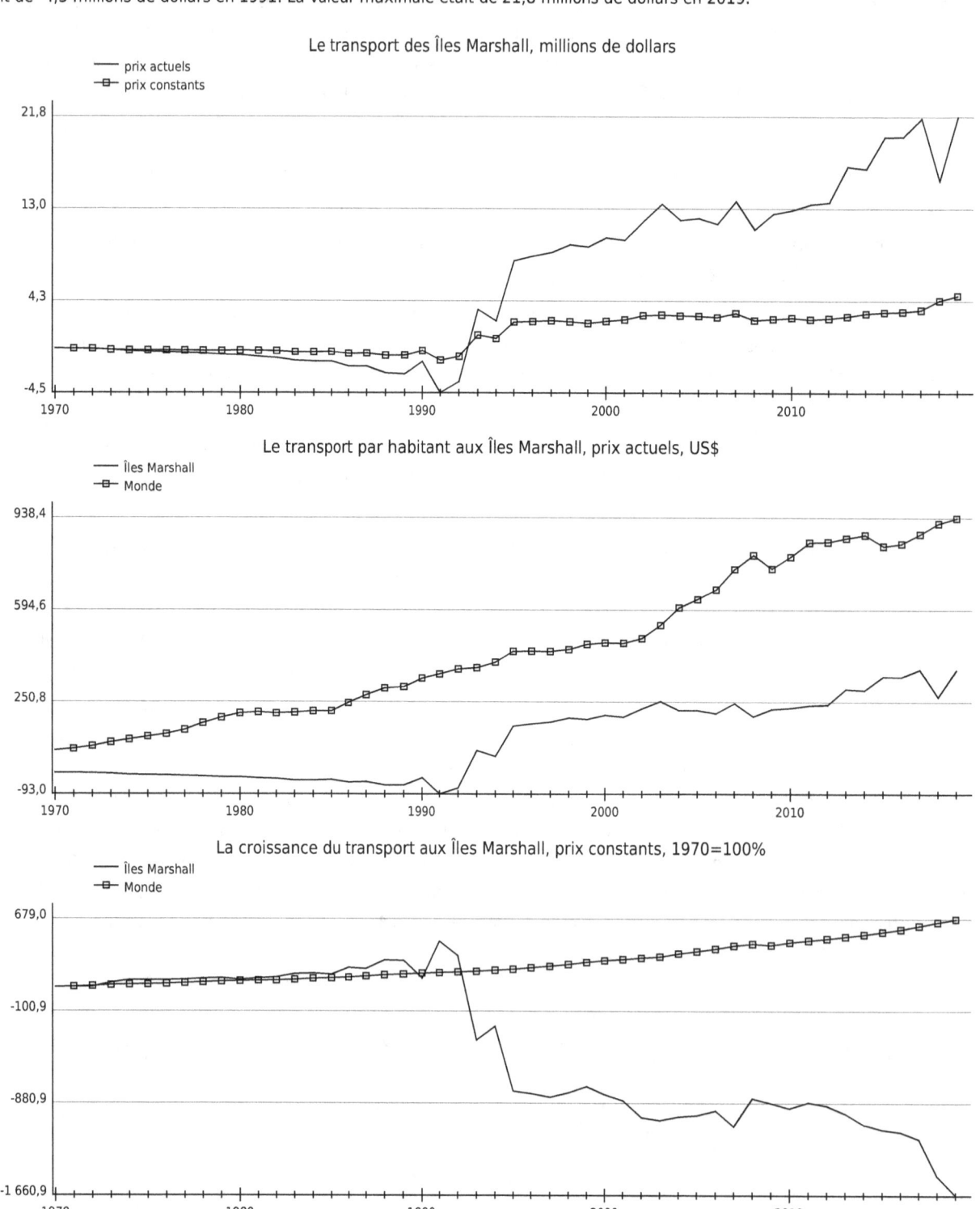

Chapitre VII. Transport

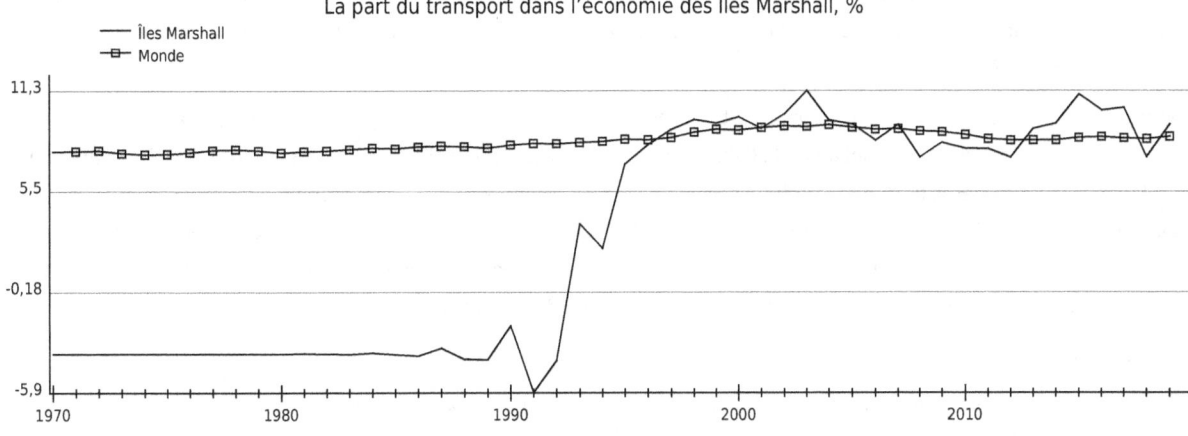

Les années 1990

La valeur du transport aux Îles Marshall était de 5,8 millions de dollars par an dans les années 1990, se classant au 205ème rang mondial. La part dans le monde était de 0,0002% et de 0,015% en Océanie.

La part du transport dans l'économie des Îles Marshall était de 6,2% dans les années 1990, se situant au 156ème rang mondial.

Le transport par habitant aux Îles Marshall était de 116.8 dollars dans les années 1990, se situant au 122ème rang mondial, à égalité avec les Samoa (118,2 de dollars), la Papouasie-Nouvelle-Guinée (119,2 de dollars). Le transport par habitant aux Îles Marshall était 3,5 fois inférieur le transport par habitant au Monde (409,5 US$), et 11,4 fois inférieur le transport par habitant en Océanie (1 336,3 US$).

La croissance du transport aux Îles Marshall était de NAN% dans les années 1990, au 150ème rang mondial. La croissance du transport aux Îles Marshall (nan%) a été inférieure à celle du monde (4,0%), et inférieure à celle de l'Océanie (4,7%).

Comparaison avec les voisins. Le transport des Îles Marshall était supérieur à celui des Kiribati (5,6 millions de dollars); mais inférieur à celui des ÉFM (13,8 millions de dollars) et de Nauru (7,1 millions de dollars). Le transport par habitant aux Îles Marshall était supérieur à celui des Kiribati (71,7 de dollars); mais inférieur à celui de Nauru (687,3 de dollars) et des ÉFM (131,5 de dollars). La croissance du transport aux Îles Marshall était inférieure à celle des Kiribati (5,0%), des États fédérés de Micronésie (1,8%) et de Nauru (-12,9%).

Comparaison avec les leaders. Le transport des Îles Marshall était inférieur à celui des États-Unis (702,6 milliards de dollars), du Japon (373,9 milliards de dollars), de l'Allemagne (144,3 milliards de dollars), de la France (118,7 milliards de dollars) et du Royaume-Uni (117,6 milliards de dollars). Le transport par habitant aux Îles Marshall était inférieur à celui du Japon (2 965,8 de dollars), des États-Unis (2 656,9 de dollars), du Royaume-Uni (2 031,3 de dollars), de la France (1 999,2 de dollars) et de l'Allemagne (1 789,0 de dollars). La croissance du transport aux Îles Marshall était inférieure à celle des États-Unis (5,0%), de la France (4,8%), du Royaume-Uni (4,7%), de l'Allemagne (3,9%) et du Japon (3,0%).

Les années 2000

La valeur du transport aux Îles Marshall était de 11,9 millions de dollars par an dans les années 2000, se classant au 205ème rang mondial. La part dans le monde était de 0,0003% et de 0,018% en Océanie.

La part du transport dans l'économie des Îles Marshall était de 9,2% dans les années 2000, se classant au 101ème rang mondial, à égalité avec l'Autriche (9,1%), l'Asie de l'Ouest (9,1%), l'Allemagne (9,1%).

Le transport par habitant aux Îles Marshall était de 218.9 dollars dans les années 2000, se situant au 119ème rang mondial, à égalité avec le Pérou (221,1 de dollars), la Macédoine du Nord (216,0 de dollars), le Salvador (213,7 de dollars). Le transport par habitant aux Îles Marshall était 2,8 fois inférieur le transport par habitant au Monde (621,1 US$), et 9,2 fois inférieur le transport par habitant en Océanie (2 009,1 US$).

La croissance du transport aux Îles Marshall était de 1.8% dans les années 2000, au 177ème rang mondial. La croissance du transport aux Îles Marshall (1,8%) a été inférieure à celle du monde (3,9%), et inférieure à celle de l'Océanie (3,7%).

Comparaison avec les voisins. La valeur ajoutée du transport aux Îles Marshall était supérieure à celle des Kiribati (10,5 millions de dollars) et de Nauru (4,7 millions de dollars); mais inférieure à celle des ÉFM (16,4 millions de dollars). Le transport par habitant aux

Îles Marshall était supérieur à celui des ÉFM (155,0 de dollars) et des Kiribati (114,2 de dollars); mais inférieur à celui de Nauru (468,2 de dollars). La croissance du transport aux Îles Marshall était supérieure à celle des Kiribati (-0,59%), des États fédérés de Micronésie (-1,2%) et de Nauru (-8,2%).

Comparaison avec les leaders. La valeur ajoutée du transport aux Îles Marshall était inférieure à celle des États-Unis (1,2 billions de dollars), du Japon (468,5 milliards de dollars), de l'Allemagne (228,2 milliards de dollars), du Royaume-Uni (215,9 milliards de dollars) et de la France (185,6 milliards de dollars). Le transport par habitant aux Îles Marshall était inférieur à celui des États-Unis (4 029,0 de dollars), du Japon (3 655,1 de dollars), du Royaume-Uni (3 572,9 de dollars), de la France (2 955,1 de dollars) et de l'Allemagne (2 803,7 de dollars). La croissance du transport aux Îles Marshall était supérieure à celle du Japon (1,5%); mais inférieure à celle de l'Allemagne (3,4%), du Royaume-Uni (3,1%), des États-Unis (3,1%) et de la France (2,7%).

Les années 2010

La valeur ajoutée du transport aux Îles Marshall était de 17,3 millions de dollars par an dans les années 2010, se classant au 207ème rang mondial. La part dans le monde était de 0,0003% et de 0,014% en Océanie.

La part du transport dans l'économie des Îles Marshall était de 9,1% dans les années 2010, au 103ème rang mondial, à égalité avec l'Autriche (9,1%), l'Allemagne (9,1%), le Costa Rica (9,1%).

Le transport par habitant aux Îles Marshall était de 300.8 dollars dans les années 2010, se situant au 131ème rang mondial, à égalité avec le Nigeria (301,1 de dollars), l'Indonésie (302,2 de dollars). Le transport par habitant aux Îles Marshall était 2,9 fois inférieur le transport par habitant au Monde (864,8 US$), et 10,2 fois inférieur le transport par habitant en Océanie (3 066,3 US$).

La croissance du transport aux Îles Marshall était de 6.5% dans les années 2010, se situant au 49ème rang mondial, à égalité avec d'Israël (6,5%), le Viêt Nam (6,5%), les Seychelles (6,5%). La croissance du transport aux Îles Marshall (6,5%) a été supérieure à celle du monde (4,0%), et supérieure à celle de l'Océanie (2,3%).

Comparaison avec les voisins. Le transport des Îles Marshall était 7,3% supérieur à celui des Kiribati (16,1 millions de dollars); mais 21,4% inférieur à celui de Nauru (22,0 millions de dollars) et 10,1% inférieur à celui des États fédérés de Micronésie (19,2 millions de dollars). Le transport par habitant aux Îles Marshall était 69,3% supérieur à celui des ÉFM (177,7 de dollars) et 2,1 fois supérieur à celui des Kiribati (146,0 de dollars); mais 7,1 fois inférieur à celui de Nauru (2 121,7 de dollars). La croissance du transport aux Îles Marshall était supérieure à celle des États fédérés de Micronésie (0,94%) et des Kiribati (0,68%); mais inférieure à celle de Nauru (17,4%).

Comparaison avec les leaders. La valeur ajoutée du transport aux Îles Marshall était 103 542,6 fois inférieure à celle des États-Unis (1,8 billions de dollars), 30 675,1 fois inférieure à celle du Japon (529,8 milliards de dollars), 26 877,9 fois inférieure à celle de la Chine (464,2 milliards de dollars), 17 370,3 fois inférieure à celle de l'Allemagne (300,0 milliards de dollars) et 14 922,5 fois inférieure à celle du Royaume-Uni (257,7 milliards de dollars). Le transport par habitant aux Îles Marshall était 18,6 fois inférieur à celui des États-Unis (5 597,8 de dollars), 13,8 fois inférieur à celui du Japon (4 141,7 de dollars), 13,1 fois inférieur à celui du Royaume-Uni (3 929,2 de dollars), 12,2 fois inférieur à celui de l'Allemagne (3 665,2 de dollars) et 9,1% inférieur à celui de la Chine (331,0 de dollars). La croissance du transport aux Îles Marshall était supérieure à celle des États-Unis (5,1%), du Royaume-Uni (2,8%), de l'Allemagne (2,7%) et du Japon (0,81%); mais inférieure à celle de la Chine (7,5%).

Chapitre VIII. Commerce

Commerce de gros et de détail; restaurants et hôtels (ISIC G-H)

La valeur ajoutée du commerce aux Îles Marshall est passé de 3,8 millions de dollars par an dans les années 1970 à 29,9 millions de dollars par an dans les années 2010, c'est-à-dire 26,1 millions de dollars ou de 7,9 fois. La variation a été de 21,8 millions de dollars en raison de l'augmentation de 3,7 fois des prix, et de -599 751,6 de dollars en raison de la baisse de productivité de 1,1 fois, et de 4,9 millions de dollars en raison de la croissance démographique. La croissance annuelle moyenne du commerce était de 2,8%. La valeur minimale était de 2,0 millions de dollars en 1970. La valeur maximale était de 34,8 millions de dollars en 2019.

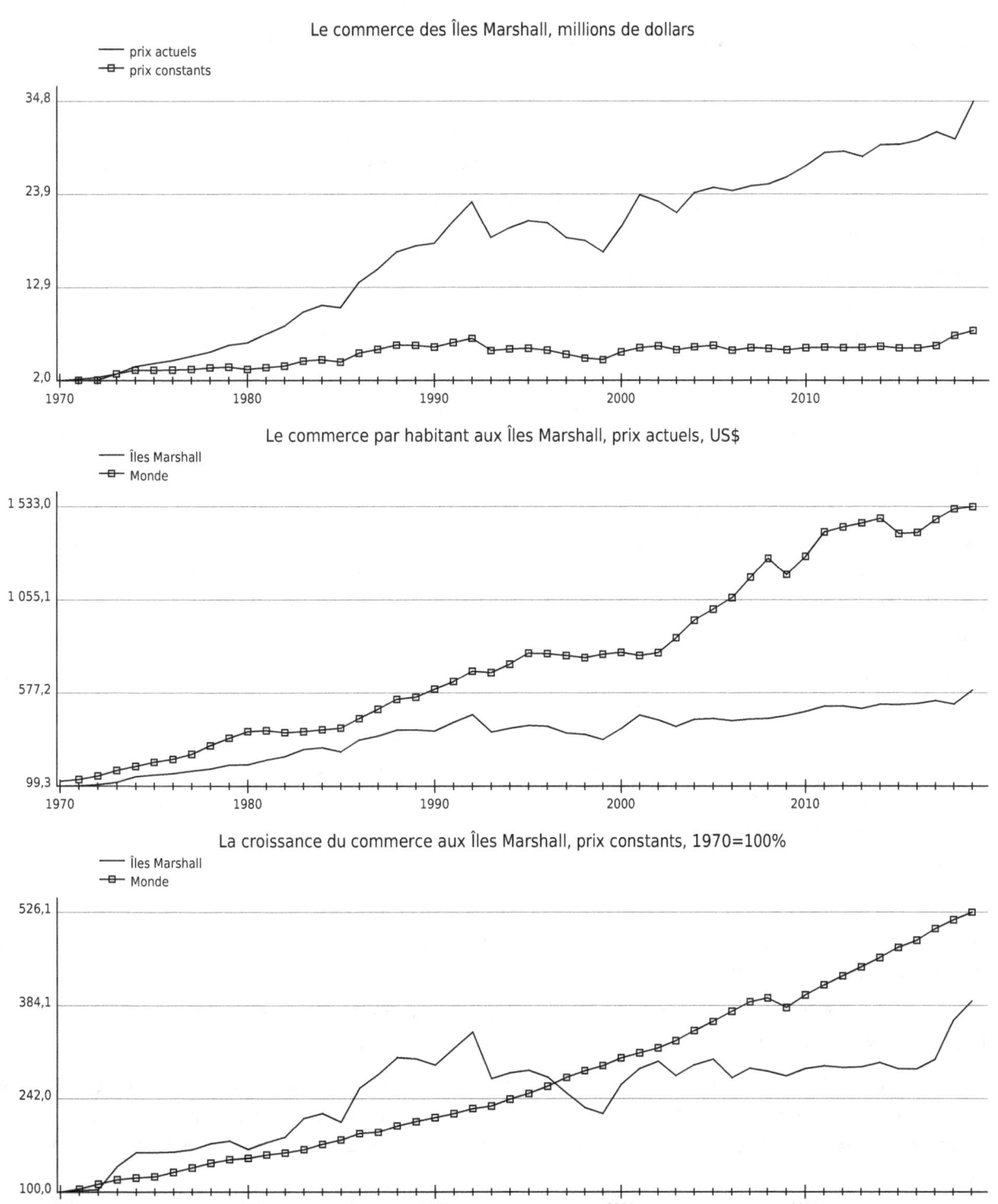

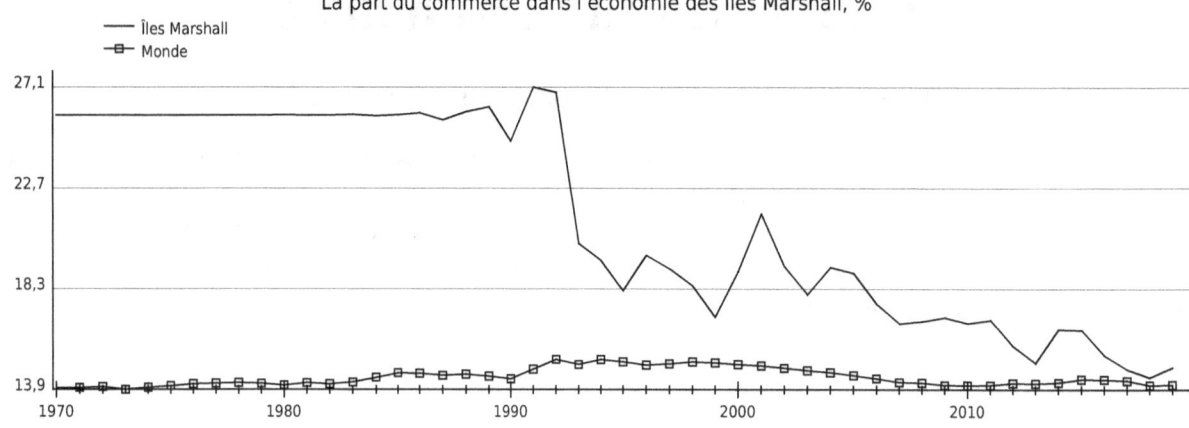

La part du commerce dans l'économie des Îles Marshall, %

Les années 1970

La valeur du commerce aux Îles Marshall était de 3,8 millions de dollars par an dans les années 1970, se situant au 179ème rang mondial à égalité avec Montserrat (3,7 millions de dollars). La part dans le monde était de 0,0004% et de 0,030% en Océanie.

La part du commerce dans l'économie des Îles Marshall était de 25,9% dans les années 1970, se classant au 21ème rang mondial, à égalité avec le Salvador (26,1%).

Le commerce par habitant aux Îles Marshall était de 151.7 dollars dans les années 1970, se situant au 82ème rang mondial, à égalité avec la Côte d'Ivoire (150,7 de dollars), l'Amérique du Sud (150,3 de dollars), Sao Tomé-et-Principe (149,1 de dollars). Le commerce par habitant aux Îles Marshall était 31,4% inférieur le commerce par habitant au Monde (221,0 US$), et 3,9 fois inférieur le commerce par habitant en Océanie (597,4 US$).

La croissance du commerce aux Îles Marshall était de 6.6% dans les années 1970, se situant au 54ème rang mondial, à égalité avec la Grenade (6,5%), Micronésie (6,6%), la Tchécoslovaquie (6,6%). La croissance du commerce aux Îles Marshall (6,6%) a été supérieure à celle du monde (4,5%), et supérieure à celle de l'Océanie (1,6%).

Comparaison avec les voisins. La valeur du commerce aux Îles Marshall était inférieure à celle des États fédérés de Micronésie (5,4 millions de dollars), de Nauru (5,1 millions de dollars) et des Kiribati (4,7 millions de dollars). Le commerce par habitant aux Îles Marshall était supérieur à celui des Kiribati (85,7 de dollars) et des États fédérés de Micronésie (84,1 de dollars); mais inférieur à celui de Nauru (715,9 de dollars). La croissance du commerce aux Îles Marshall était supérieure à celle des ÉFM (6,6%), de Nauru (1,1%) et des Kiribati (-2,9%).

Comparaison avec les leaders. La valeur du commerce aux Îles Marshall était inférieure à celle des États-Unis (278,3 milliards de dollars), du Japon (90,3 milliards de dollars), de l'URSS (62,3 milliards de dollars), de l'Allemagne (61,1 milliards de dollars) et de la France (40,9 milliards de dollars). Le commerce par habitant aux Îles Marshall était inférieur à celui des États-Unis (1 275,1 de dollars), du Japon (811,1 de dollars), de l'Allemagne (775,5 de dollars), de la France (762,4 de dollars) et de l'URSS (247,1 de dollars). La croissance du commerce aux Îles Marshall était supérieure à celle de l'URSS (5,2%), de la France (3,9%), des États-Unis (3,9%) et de l'Allemagne (3,0%); mais inférieure à celle du Japon (8,2%).

Les années 1980

Le commerce des Îles Marshall était de 11,7 millions de dollars par an dans les années 1980, au 176ème rang mondial à égalité avec le Bhoutan (11,6 millions de dollars), la Dominique (11,6 millions de dollars), Montserrat (12,0 millions de dollars). La part dans le monde était de 0,0006% et de 0,040% en Océanie.

La part du commerce dans l'économie des Îles Marshall était de 26,0% dans les années 1980, se classant au 20ème rang mondial, à égalité avec la Guinée-Bissau (25,8%).

Le commerce par habitant aux Îles Marshall était de 310.2 dollars dans les années 1980, se classant au 81ème rang mondial, à égalité avec l'Uruguay (311,8 de dollars), l'Iran (313,3 de dollars), la Turquie (314,2 de dollars). Le commerce par habitant aux Îles Marshall était 29,1% inférieur le commerce par habitant au Monde (437,7 US$), et 3,8 fois inférieur le commerce par habitant en Océanie (1 193,9 US$).

La croissance du commerce aux Îles Marshall était de 5.5% dans les années 1980, se situant au 30ème rang mondial, à égalité avec la

Chapitre VIII. Commerce

Zambie (5,5%). La croissance du commerce aux Îles Marshall (5,5%) a été supérieure à celle du monde (3,3%), et supérieure à celle de l'Océanie (2,5%).

Comparaison avec les voisins. La valeur ajoutée du commerce aux Îles Marshall était supérieure à celle de Nauru (6,9 millions de dollars) et des Kiribati (3,7 millions de dollars); mais inférieure à celle des ÉFM (13,3 millions de dollars). Le commerce par habitant aux Îles Marshall était supérieur à celui des ÉFM (158,0 de dollars) et des Kiribati (57,1 de dollars); mais inférieur à celui de Nauru (815,4 de dollars). La croissance du commerce aux Îles Marshall était supérieure à celle des États fédérés de Micronésie (2,9%), des Kiribati (-1,6%) et de Nauru (-2,4%).

Comparaison avec les leaders. Le secteur du commerce aux Îles Marshall était inférieur à celui des États-Unis (653,3 milliards de dollars), du Japon (277,3 milliards de dollars), de l'Allemagne (116,7 milliards de dollars), de l'URSS (112,3 milliards de dollars) et de l'Italie (95,7 milliards de dollars). Le commerce par habitant aux Îles Marshall était inférieur à celui des États-Unis (2 728,2 de dollars), du Japon (2 286,5 de dollars), de l'Italie (1 684,2 de dollars), de l'Allemagne (1 496,0 de dollars) et de l'URSS (408,1 de dollars). La croissance du commerce aux Îles Marshall était supérieure à celle du Japon (4,9%), des États-Unis (4,4%), de l'Italie (2,3%), de l'Allemagne (1,8%) et de l'URSS (-0,62%).

Les années 1990

Le secteur du commerce aux Îles Marshall était de 19,6 millions de dollars par an dans les années 1990, au 202ème rang mondial. La part dans le monde était de 0,0005% et de 0,035% en Océanie.

La part du commerce dans l'économie des Îles Marshall était de 20,8% dans les années 1990, se classant au 36ème rang mondial, à égalité avec les Seychelles (20,7%), les Comores (20,6%).

Le commerce par habitant aux Îles Marshall était de 393.7 dollars dans les années 1990, se classant au 90ème rang mondial, à égalité avec la Slovaquie (389,7 de dollars). Le commerce par habitant aux Îles Marshall était 45,5% inférieur le commerce par habitant au Monde (721,8 US$), et 4,9 fois inférieur le commerce par habitant en Océanie (1 916,7 US$).

La croissance du commerce aux Îles Marshall était de -3.2% dans les années 1990, se classant au 189ème rang mondial. La croissance du commerce aux Îles Marshall (-3,2%) a été inférieure à celle du monde (3,5%), et inférieure à celle de l'Océanie (3,3%).

Comparaison avec les voisins. Le commerce des Îles Marshall était supérieur à celui de Nauru (6,4 millions de dollars) et des Kiribati (5,7 millions de dollars); mais inférieur à celui des États fédérés de Micronésie (25,9 millions de dollars). Le commerce par habitant aux Îles Marshall était supérieur à celui des ÉFM (247,4 de dollars) et des Kiribati (74,1 de dollars); mais inférieur à celui de Nauru (618,9 de dollars). La croissance du commerce aux Îles Marshall était supérieure à celle de Nauru (-13,2%); mais inférieure à celle des Kiribati (2,4%) et des ÉFM (1,7%).

Comparaison avec les leaders. La valeur ajoutée du commerce aux Îles Marshall était inférieure à celle des États-Unis (1,2 billions de dollars), du Japon (713,2 milliards de dollars), de l'Allemagne (243,7 milliards de dollars), de l'Italie (185,6 milliards de dollars) et de la France (177,0 milliards de dollars). Le commerce par habitant aux Îles Marshall était inférieur à celui du Japon (5 656,5 de dollars), des États-Unis (4 395,6 de dollars), de l'Italie (3 255,0 de dollars), de l'Allemagne (3 021,8 de dollars) et de la France (2 980,3 de dollars). La croissance du commerce aux Îles Marshall était inférieure à celle des États-Unis (4,3%), du Japon (3,8%), de l'Allemagne (2,5%), de la France (2,4%) et de l'Italie (1,9%).

Les années 2000

La valeur du commerce aux Îles Marshall était de 23,7 millions de dollars par an dans les années 2000, se situant au 205ème rang mondial. La part dans le monde était de 0,0004% et de 0,024% en Océanie.

La part du commerce dans l'économie des Îles Marshall était de 18,4% dans les années 2000, au 48ème rang mondial, à égalité avec l'Indonésie (18,3%), la Grèce (18,3%), Nauru (18,4%).

Le commerce par habitant aux Îles Marshall était de 437.5 dollars dans les années 2000, se situant au 106ème rang mondial, à égalité avec l'Asie (438,7 de dollars), la Bosnie-Herzégovine (430,6 de dollars), les Fidji (448,1 de dollars). Le commerce par habitant aux Îles Marshall était 2,3 fois inférieur le commerce par habitant au Monde (990,3 US$), et 6,7 fois inférieur le commerce par habitant en Océanie (2 922,7 US$).

La croissance du commerce aux Îles Marshall était de 2.3% dans les années 2000, se classant au 140ème rang mondial, à égalité avec le Paraguay (2,3%). La croissance du commerce aux Îles Marshall (2,3%) a été inférieure à celle du monde (2,7%), et inférieure à celle de l'Océanie (3,0%).

Comparaison avec les voisins. La valeur du commerce aux Îles Marshall était supérieure à celle des Kiribati (7,6 millions de dollars) et de Nauru (5,3 millions de dollars); mais inférieure à celle des ÉFM (35,2 millions de dollars). Le commerce par habitant aux Îles Marshall était supérieur à celui des États fédérés de Micronésie (333,3 de dollars) et des Kiribati (82,2 de dollars); mais inférieur à celui de Nauru (532,3 de dollars). La croissance du commerce aux Îles Marshall était supérieure à celle des États fédérés de Micronésie (-0,49%) et de Nauru (-2,8%); mais inférieure à celle des Kiribati (2,8%).

Comparaison avec les leaders. Le secteur du commerce aux Îles Marshall était inférieur à celui des États-Unis (1,9 billions de dollars), du Japon (771,8 milliards de dollars), de l'Allemagne (296,0 milliards de dollars), du Royaume-Uni (293,5 milliards de dollars) et de la Chine (262,0 milliards de dollars). Le commerce par habitant aux Îles Marshall était supérieur à celui de la Chine (197,5 de dollars); mais inférieur à celui des États-Unis (6 383,1 de dollars), du Japon (6 021,3 de dollars), du Royaume-Uni (4 856,7 de dollars) et de l'Allemagne (3 637,0 de dollars). La croissance du commerce aux Îles Marshall était supérieure à celle de l'Allemagne (1,7%), du Royaume-Uni (1,3%), des États-Unis (1,1%) et du Japon (-0,77%); mais inférieure à celle de la Chine (11,9%).

Les années 2010

La valeur du commerce aux Îles Marshall était de 29,9 millions de dollars par an dans les années 2010, se situant au 206ème rang mondial. La part dans le monde était de 0,0003% et de 0,017% en Océanie.

La part du commerce dans l'économie des Îles Marshall était de 15,7% dans les années 2010, se situant au 103ème rang mondial, à égalité avec l'Eswatini (15,7%), le Salvador (15,7%), l'Amérique du Sud (15,6%).

Le commerce par habitant aux Îles Marshall était de 520.2 dollars dans les années 2010, au 134ème rang mondial, à égalité avec le Salvador (521,1 de dollars), la Tunisie (524,1 de dollars), le Kosovo (529,8 de dollars). Le commerce par habitant aux Îles Marshall était 2,8 fois inférieur le commerce par habitant au Monde (1 436,8 US$), et 8,7 fois inférieur le commerce par habitant en Océanie (4 550,6 US$).

La croissance du commerce aux Îles Marshall était de 3.5% dans les années 2010, se classant au 104ème rang mondial, à égalité avec le Guatemala (3,5%), la Tchéquie (3,5%). La croissance du commerce aux Îles Marshall (3,5%) a été supérieure à celle du monde (3,3%), et supérieure à celle de l'Océanie (2,0%).

Comparaison avec les voisins. Le secteur du commerce aux Îles Marshall était 34,6% supérieur à celui de Nauru (22,2 millions de dollars) et 2,4 fois supérieur à celui des Kiribati (12,4 millions de dollars); mais 34,0% inférieur à celui des États fédérés de Micronésie (45,2 millions de dollars). Le commerce par habitant aux Îles Marshall était 24,4% supérieur à celui des ÉFM (418,4 de dollars) et 4,6 fois supérieur à celui des Kiribati (112,2 de dollars); mais 4,1 fois inférieur à celui de Nauru (2 142,3 de dollars). La croissance du commerce aux Îles Marshall était supérieure à celle des Kiribati (3,5%) et des ÉFM (1,0%); mais inférieure à celle de Nauru (16,9%).

Comparaison avec les leaders. La valeur du commerce aux Îles Marshall était 87 563,0 fois inférieure à celle des États-Unis (2,6 billions de dollars), 39 986,7 fois inférieure à celle de la Chine (1,2 billions de dollars), 29 110,9 fois inférieure à celle du Japon (869,5 milliards de dollars), 12 474,2 fois inférieure à celle de l'Allemagne (372,6 milliards de dollars) et 11 047,4 fois inférieure à celle du Royaume-Uni (330,0 milliards de dollars). Le commerce par habitant aux Îles Marshall était 15,7 fois inférieur à celui des États-Unis (8 186,4 de dollars), 13,1 fois inférieur à celui du Japon (6 797,1 de dollars), 9,7 fois inférieur à celui du Royaume-Uni (5 030,4 de dollars), 8,7 fois inférieur à celui de l'Allemagne (4 551,8 de dollars) et 38,9% inférieur à celui de la Chine (851,7 de dollars). La croissance du commerce aux Îles Marshall était supérieure à celle du Royaume-Uni (2,8%), des États-Unis (2,3%), de l'Allemagne (2,0%) et du Japon (0,77%); mais inférieure à celle de la Chine (8,9%).

Chapitre IX. Services

(ISIC J-P)

La valeur des services aux Îles Marshall est passé de 8,1 millions de dollars par an dans les années 1970 à 87,9 millions de dollars par an dans les années 2010, c'est-à-dire 79,8 millions de dollars ou de 10,9 fois. La variation a été de 64,6 millions de dollars en raison de l'augmentation de 3,8 fois des prix, et de 4,7 millions de dollars en raison de la croissance de productivité de 1,2 fois, et de 10,5 millions de dollars en raison de la croissance démographique. La croissance annuelle moyenne des services était de 3,4%. La valeur minimale était de 4,3 millions de dollars en 1970. La valeur maximale était de 107,3 millions de dollars en 2019.

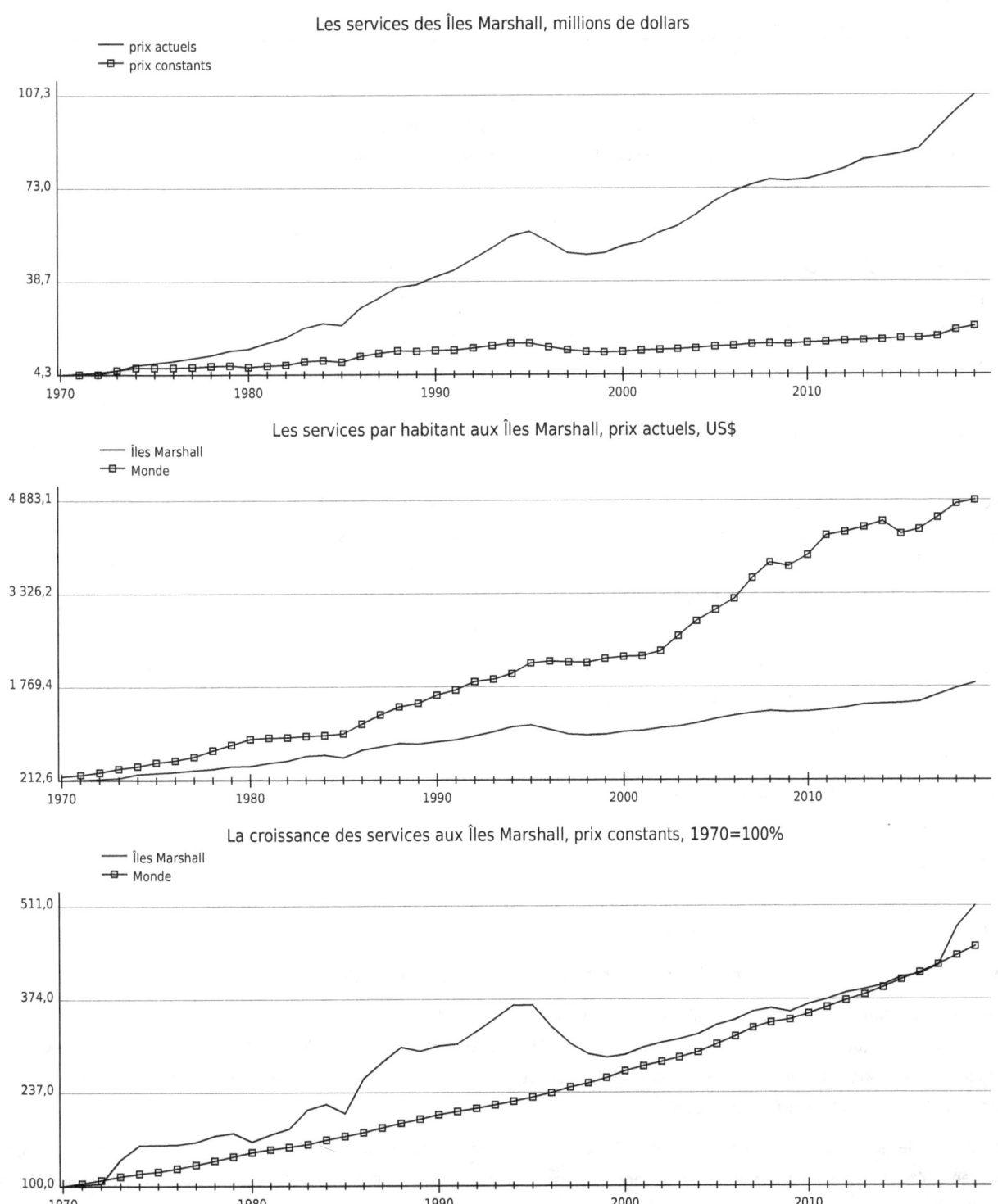

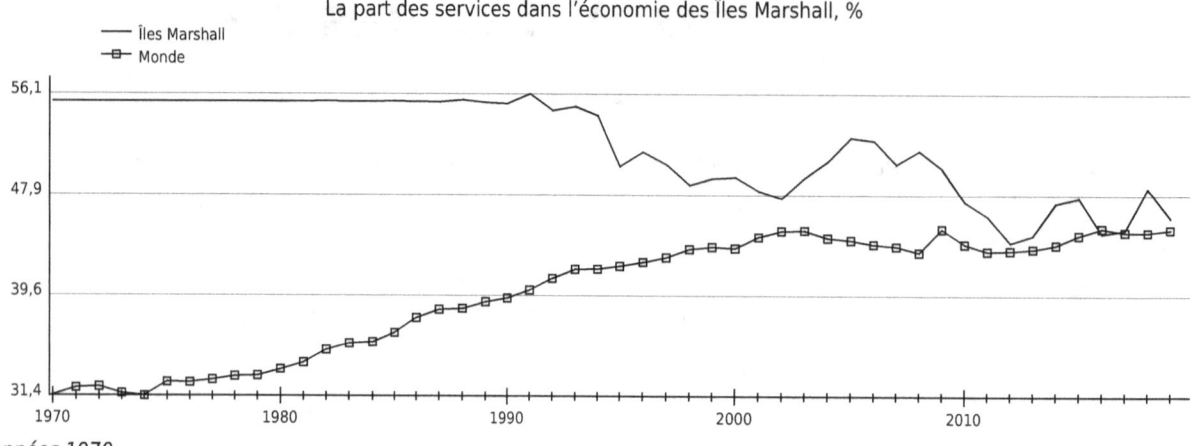

Les années 1970

La valeur ajoutée des services aux Îles Marshall était de 8,1 millions de dollars par an dans les années 1970, se situant au 175ème rang mondial à égalité avec les Îles Vierges britanniques (8,1 millions de dollars), les Tonga (8,0 millions de dollars). La part dans le monde était de 0,0004% et de 0,021% en Océanie.

La part des services dans l'économie des Îles Marshall était de 55,5% dans les années 1970, se classant au 4ème rang mondial.

Les services par habitant aux Îles Marshall étaient de 324.8 dollars dans les années 1970, se situant au 77ème rang mondial, à égalité avec la Namibie (323,7 de dollars), l'Amérique du Sud (327,0 de dollars), le Costa Rica (318,6 de dollars). Les services par habitant aux Îles Marshall étaient 35,9% inférieures les services par habitant au Monde (506,9 US$), et 5,7 fois inférieures les services par habitant en Océanie (1 847,3 US$).

La croissance des services aux Îles Marshall était de 6.6% dans les années 1970, se classant au 62ème rang mondial, à égalité avec d'Haïti (6,5%), l'Asie (6,5%), Micronésie (6,6%). La croissance des services aux Îles Marshall (6,6%) a été supérieure à celle du monde (4,1%), et supérieure à celle de l'Océanie (4,0%).

Comparaison avec les voisins. La valeur des services aux Îles Marshall était supérieure à celle des Kiribati (6,2 millions de dollars); mais inférieure à celle des États fédérés de Micronésie (19,7 millions de dollars) et de Nauru (8,9 millions de dollars). Les services par habitant aux Îles Marshall étaient supérieures à celles des États fédérés de Micronésie (305,7 de dollars) et des Kiribati (112,6 de dollars); mais inférieures à celles de Nauru (1 248,5 de dollars). La croissance des services aux Îles Marshall était supérieure à celle des États fédérés de Micronésie (6,6%), de Nauru (1,1%) et des Kiribati (-7,8%).

Comparaison avec les leaders. La valeur des services aux Îles Marshall était inférieure à celle des États-Unis (674,4 milliards de dollars), de l'URSS (168,3 milliards de dollars), du Japon (153,8 milliards de dollars), de l'Allemagne (150,2 milliards de dollars) et de la France (121,8 milliards de dollars). Les services par habitant aux Îles Marshall étaient inférieures à celles des États-Unis (3 090,2 de dollars), de la France (2 271,8 de dollars), de l'Allemagne (1 907,6 de dollars), du Japon (1 381,3 de dollars) et de l'URSS (667,3 de dollars). La croissance des services aux Îles Marshall était supérieure à celle du Japon (5,9%), de l'Allemagne (4,8%), de la France (3,9%), des États-Unis (3,3%) et de l'URSS (0,90%).

Les années 1980

Les services des Îles Marshall étaient de 25,0 millions de dollars par an dans les années 1980, au 174ème rang mondial. La part dans le monde était de 0,0005% et de 0,026% en Océanie.

La part des services dans l'économie des Îles Marshall était de 55,5% dans les années 1980, au 5ème rang mondial.

Les services par habitant aux Îles Marshall étaient de 662.8 dollars dans les années 1980, se classant au 80ème rang mondial, à égalité avec le Mexique (669,3 de dollars), l'Afrique australe (651,1 de dollars), l'Amérique du Sud (675,3 de dollars). Les services par habitant aux Îles Marshall étaient 40,6% inférieures les services par habitant au Monde (1 115,5 US$), et 5,9 fois inférieures les services par habitant en Océanie (3 935,7 US$).

La croissance des services aux Îles Marshall était de 5.3% dans les années 1980, au 49ème rang mondial, à égalité avec l'Asie (5,3%), le Soudan (5,4%), le Luxembourg (5,4%). La croissance des services aux Îles Marshall (5,3%) a été supérieure à celle du monde (3,3%), et supérieure à celle de l'Océanie (4,0%).

Chapitre IX. Services

Comparaison avec les voisins. Les services des Îles Marshall étaient supérieures à celles de Nauru (12,0 millions de dollars) et des Kiribati (8,5 millions de dollars); mais inférieures à celles des ÉFM (48,2 millions de dollars). Les services par habitant aux Îles Marshall étaient supérieures à celles des États fédérés de Micronésie (574,6 de dollars) et des Kiribati (132,2 de dollars); mais inférieures à celles de Nauru (1 422,1 de dollars). La croissance des services aux Îles Marshall était supérieure à celle des États fédérés de Micronésie (2,9%) et de Nauru (-2,4%); mais inférieure à celle des Kiribati (14,5%).

Comparaison avec les leaders. La valeur ajoutée des services aux Îles Marshall était inférieure à celle des États-Unis (1,9 billions de dollars), du Japon (619,9 milliards de dollars), de l'Allemagne (362,2 milliards de dollars), de la France (294,5 milliards de dollars) et du Royaume-Uni (265,4 milliards de dollars). Les services par habitant aux Îles Marshall étaient inférieures à celles des États-Unis (7 844,6 de dollars), de la France (5 211,0 de dollars), du Japon (5 111,4 de dollars), du Royaume-Uni (4 700,6 de dollars) et de l'Allemagne (4 642,6 de dollars). La croissance des services aux Îles Marshall était supérieure à celle du Japon (4,8%), du Royaume-Uni (3,3%), de l'Allemagne (3,1%), des États-Unis (2,8%) et de la France (2,3%).

Les années 1990

La valeur des services aux Îles Marshall était de 49,3 millions de dollars par an dans les années 1990, se classant au 200ème rang mondial à égalité avec les Palaos (49,6 millions de dollars). La part dans le monde était de 0,0004% et de 0,027% en Océanie.

La part des services dans l'économie des Îles Marshall était de 52,3% dans les années 1990, se classant au 8ème rang mondial, à égalité avec le Brésil (52,1%), les Bahamas (52,7%).

Les services par habitant aux Îles Marshall étaient de 991.5 dollars dans les années 1990, se situant au 80ème rang mondial, à égalité avec la Namibie (986,6 de dollars), l'Estonie (984,4 de dollars), les Fidji (1 015,2 de dollars). Les services par habitant aux Îles Marshall étaient 2,0 fois inférieures les services par habitant au Monde (2 014,6 US$), et 6,5 fois inférieures les services par habitant en Océanie (6 423,5 US$).

La croissance des services aux Îles Marshall était de -0.3% dans les années 1990, au 180ème rang mondial, à égalité avec le Groenland (-0,32%). La croissance des services aux Îles Marshall (-0,32%) a été inférieure à celle du monde (2,7%), et inférieure à celle de l'Océanie (3,6%).

Comparaison avec les voisins. La valeur des services aux Îles Marshall était supérieure à celle des Kiribati (23,0 millions de dollars) et de Nauru (11,1 millions de dollars); mais inférieure à celle des États fédérés de Micronésie (92,4 millions de dollars). Les services par habitant aux Îles Marshall étaient supérieures à celles des ÉFM (882,7 de dollars) et des Kiribati (297,0 de dollars); mais inférieures à celles de Nauru (1 078,8 de dollars). La croissance des services aux Îles Marshall était supérieure à celle de Nauru (-13,3%); mais inférieure à celle des Kiribati (5,0%) et des ÉFM (2,1%).

Comparaison avec les leaders. La valeur des services aux Îles Marshall était inférieure à celle des États-Unis (3,8 billions de dollars), du Japon (1,6 billions de dollars), de l'Allemagne (908,0 milliards de dollars), de la France (628,2 milliards de dollars) et du Royaume-Uni (592,3 milliards de dollars). Les services par habitant aux Îles Marshall étaient inférieures à celles des États-Unis (14 354,4 de dollars), du Japon (12 820,4 de dollars), de l'Allemagne (11 259,5 de dollars), de la France (10 578,2 de dollars) et du Royaume-Uni (10 233,8 de dollars). La croissance des services aux Îles Marshall était inférieure à celle de l'Allemagne (3,2%), du Royaume-Uni (3,0%), des États-Unis (2,3%), du Japon (1,7%) et de la France (1,6%).

Les années 2000

La valeur ajoutée des services aux Îles Marshall était de 65,0 millions de dollars par an dans les années 2000, se classant au 204ème rang mondial à égalité avec les îles Cook (65,6 millions de dollars). La part dans le monde était de 0,0003% et de 0,018% en Océanie.

La part des services dans l'économie des Îles Marshall était de 50,3% dans les années 2000, au 18ème rang mondial, à égalité avec les Amériques (50,5%), l'Andorre (50,5%), d'Israël (50,6%).

Les services par habitant aux Îles Marshall étaient de 1198.8 dollars dans les années 2000, se classant au 103ème rang mondial, à égalité avec la Roumanie (1 203,2 de dollars), les Fidji (1 204,2 de dollars), la Colombie (1 187,0 de dollars). Les services par habitant aux Îles Marshall étaient 2,5 fois inférieures les services par habitant au Monde (3 011,2 US$), et 9,3 fois inférieures les services par habitant en Océanie (11 122,0 US$).

La croissance des services aux Îles Marshall était de 2.1% dans les années 2000, se situant au 167ème rang mondial. La croissance des services aux Îles Marshall (2,1%) a été inférieure à celle du monde (2,9%), et inférieure à celle de l'Océanie (3,2%).

Comparaison avec les voisins. Le secteur des services aux Îles Marshall était supérieur à celui des Kiribati (46,2 millions de dollars) et de Nauru (10,5 millions de dollars); mais inférieur à celui des ÉFM (109,8 millions de dollars). Les services par habitant aux Îles Marshall étaient supérieures à celles de Nauru (1 051,8 de dollars), des États fédérés de Micronésie (1 038,1 de dollars) et des Kiribati (501,9 de dollars). La croissance des services aux Îles Marshall était supérieure à celle des États fédérés de Micronésie (0,70%) et de Nauru (-3,0%); mais inférieure à celle des Kiribati (2,3%).

Comparaison avec les leaders. Le secteur des services aux Îles Marshall était inférieur à celui des États-Unis (6,7 billions de dollars), du Japon (2,0 billions de dollars), de l'Allemagne (1,2 billions de dollars), du Royaume-Uni (1,1 billions de dollars) et de la France (997,0 milliards de dollars). Les services par habitant aux Îles Marshall étaient inférieures à celles des États-Unis (22 883,5 de dollars), du Royaume-Uni (18 012,4 de dollars), de la France (15 875,1 de dollars), du Japon (15 302,2 de dollars) et de l'Allemagne (14 979,9 de dollars). La croissance des services aux Îles Marshall était supérieure à celle des États-Unis (2,0%), de la France (1,5%), du Japon (1,2%) et de l'Allemagne (0,57%); mais inférieure à celle du Royaume-Uni (2,7%).

Les années 2010

Les services des Îles Marshall étaient de 87,9 millions de dollars par an dans les années 2010, se classant au 207ème rang mondial. La part dans le monde était de 0,0003% et de 0,011% en Océanie.

La part des services dans l'économie des Îles Marshall était de 46,1% dans les années 2010, se situant au 44ème rang mondial, à égalité avec d'Anguilla (46,1%), le Liechtenstein (45,9%), les Palaos (45,9%).

Les services par habitant aux Îles Marshall étaient de 1530.9 dollars dans les années 2010, au 119ème rang mondial, à égalité avec le Belize (1 502,8 de dollars). Les services par habitant aux Îles Marshall étaient 2,9 fois inférieures les services par habitant au Monde (4 467,8 US$), et 13,2 fois inférieures les services par habitant en Océanie (20 232,3 US$).

La croissance des services aux Îles Marshall était de 3.7% dans les années 2010, se situant au 89ème rang mondial, à égalité avec l'Eswatini (3,7%), la Namibie (3,7%), le Koweït (3,7%). La croissance des services aux Îles Marshall (3,7%) a été supérieure à celle du monde (2,7%), et supérieure à celle de l'Océanie (2,9%).

Comparaison avec les voisins. Le secteur des services aux Îles Marshall était 4,0% supérieur à celui des Kiribati (84,5 millions de dollars) et 3,9 fois supérieur à celui de Nauru (22,6 millions de dollars); mais 39,4% inférieur à celui des États fédérés de Micronésie (145,0 millions de dollars). Les services par habitant aux Îles Marshall étaient 14,2% supérieures à celles des ÉFM (1 341,0 de dollars) et 99,8% supérieures à celles des Kiribati (766,3 de dollars); mais 29,7% inférieures à celles de Nauru (2 177,8 de dollars). La croissance des services aux Îles Marshall était supérieure à celle des Kiribati (2,5%) et des ÉFM (1,0%); mais inférieure à celle de Nauru (8,3%).

Comparaison avec les leaders. Le secteur des services aux Îles Marshall était 113 259,8 fois inférieur à celui des États-Unis (10,0 billions de dollars), 40 354,6 fois inférieur à celui de la Chine (3,5 billions de dollars), 25 865,6 fois inférieur à celui du Japon (2,3 billions de dollars), 18 288,3 fois inférieur à celui de l'Allemagne (1,6 billions de dollars) et 15 421,5 fois inférieur à celui du Royaume-Uni (1,4 billions de dollars). Les services par habitant aux Îles Marshall étaient 20,4 fois inférieures à celles des États-Unis (31 159,6 de dollars), 13,5 fois inférieures à celles du Royaume-Uni (20 663,8 de dollars), 12,8 fois inférieures à celles de l'Allemagne (19 637,7 de dollars), 11,6 fois inférieures à celles du Japon (17 771,8 de dollars) et 39,5% inférieures à celles de la Chine (2 529,2 de dollars). La croissance des services aux Îles Marshall était supérieure à celle des États-Unis (1,8%), du Royaume-Uni (1,7%), de l'Allemagne (1,2%) et du Japon (0,99%); mais inférieure à celle de la Chine (8,4%).

Partie III. Relations extérieures

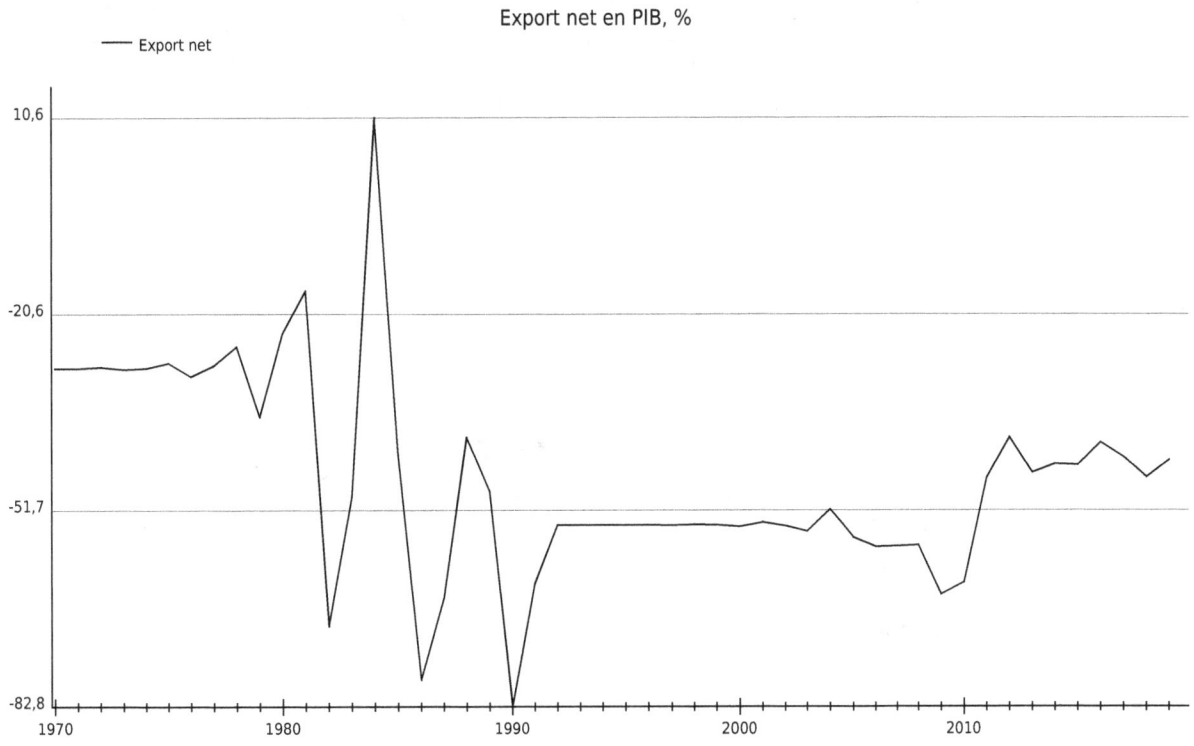

Chapitre X. Exportations

Les exportations des Îles Marshall sont passés de 9,2 millions de dollars par an dans les années 1970 à 95,7 millions de dollars par an dans les années 2010, c'est-à-dire 86,5 millions de dollars ou de 10,4 fois. La variation a été de 77,6 millions de dollars en raison de l'augmentation de 5,3 fois des prix, et de -3,1 millions de dollars en raison de la baisse du taux par habitant de 1,2 fois, et de 12,0 millions de dollars en raison de la croissance démographique. La croissance annuelle moyenne des exportations était de 2,5%. La valeur minimale était de 5,0 millions de dollars en 1970. La valeur maximale était de 113,2 millions de dollars en 2013.

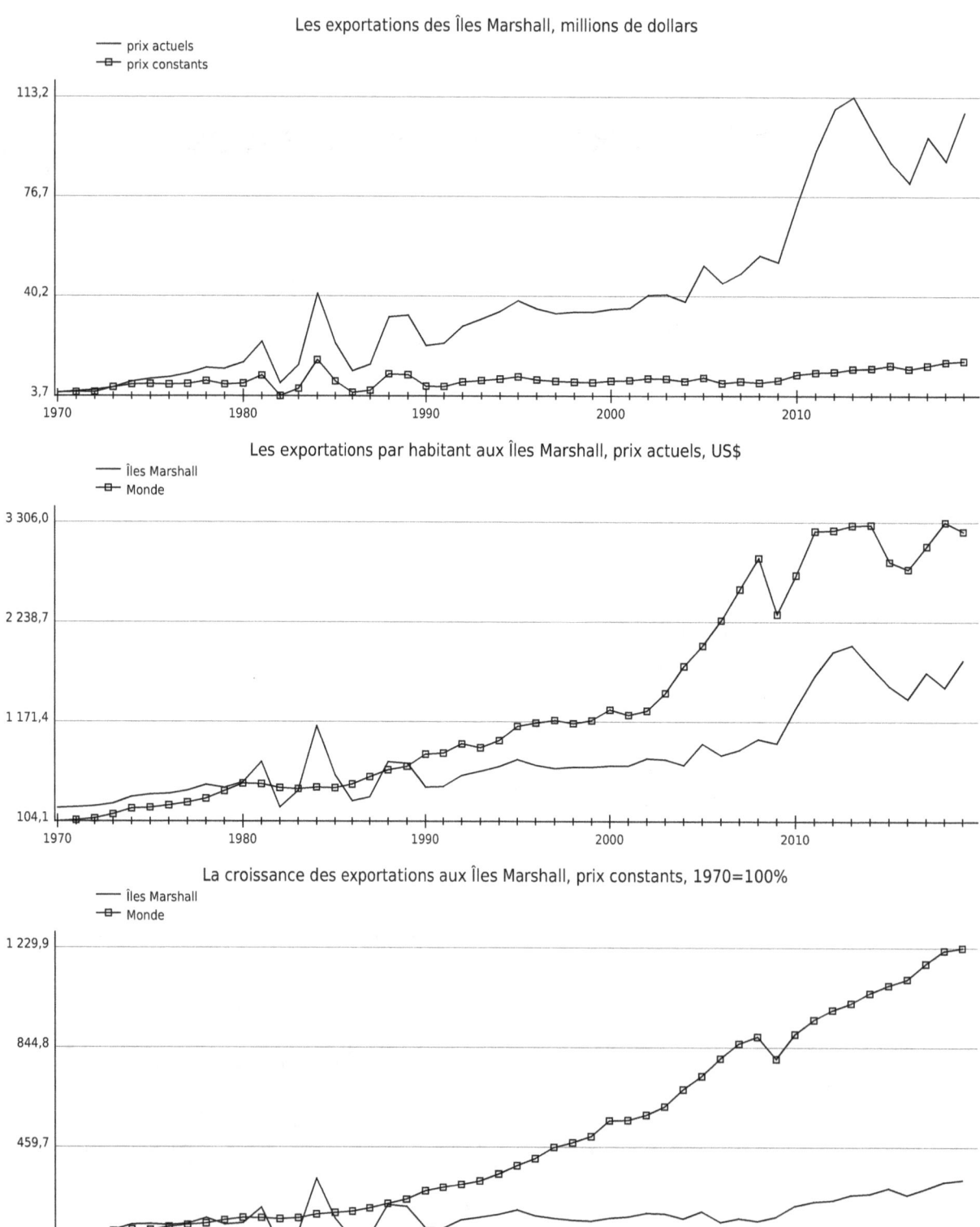

Chapitre X. Exportations

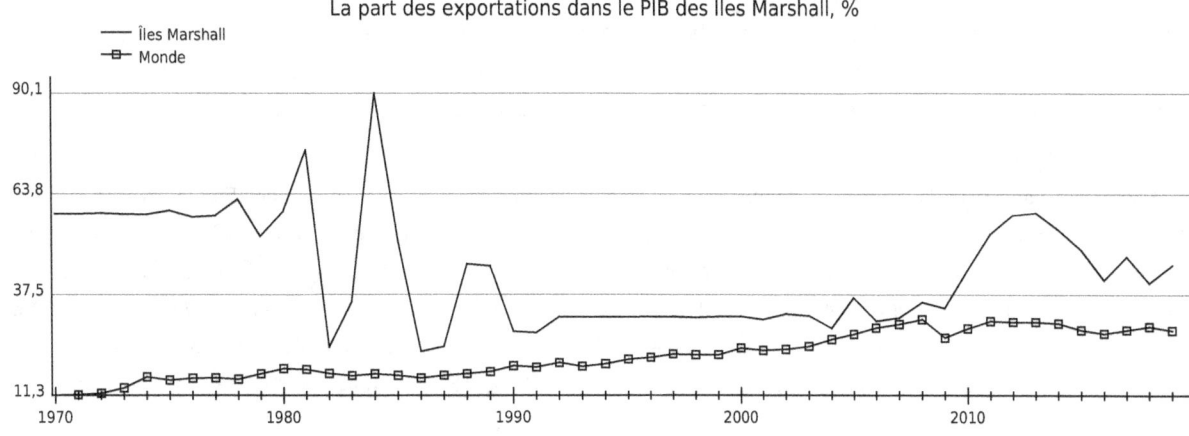

Les années 1970

La valeur des exportations aux Îles Marshall était de 9,2 millions de dollars par an dans les années 1970, se situant au 176ème rang mondial. La part dans le monde était de 0,0009% et de 0,049% en Océanie.

La part des exportations dans le PIB des Îles Marshall était de 58,1% dans les années 1970, se situant au 28ème rang mondial, à égalité avec Nauru (58,1%), le Suriname (58,4%).

Les exportations par habitant aux Îles Marshall étaient de 369.5 dollars dans les années 1970, se classant au 76ème rang mondial, à égalité avec la Mélanésie (370,8 de dollars), la Hongrie (366,5 de dollars), le Vanuatu (377,3 de dollars). Les exportations par habitant aux Îles Marshall étaient 52,7% supérieures les exportations par habitant au Monde (242,1 US$), et 2,4 fois inférieures les exportations par habitant en Océanie (882,5 US$).

La croissance des exportations aux Îles Marshall était de 5.3% dans les années 1970, se situant au 96ème rang mondial, à égalité avec la Belgique (5,3%). La croissance des exportations aux Îles Marshall (5,3%) a été inférieure à celle du monde (6,5%), et supérieure à celle de l'Océanie (4,4%).

Comparaison avec les voisins. Les exportations des Îles Marshall étaient supérieures à celles des ÉFM (7,7 millions de dollars); mais inférieures à celles des Kiribati (30,0 millions de dollars) et de Nauru (16,7 millions de dollars). Les exportations par habitant aux Îles Marshall étaient supérieures à celles des ÉFM (120,4 de dollars); mais inférieures à celles de Nauru (2 357,8 de dollars) et des Kiribati (547,7 de dollars). La croissance des exportations aux Îles Marshall était supérieure à celle des Kiribati (4,3%) et de Nauru (1,9%); mais inférieure à celle des ÉFM (6,6%).

Comparaison avec les leaders. La valeur des exportations aux Îles Marshall était inférieure à celle des États-Unis (128,0 milliards de dollars), de l'Allemagne (82,9 milliards de dollars), de la France (64,3 milliards de dollars), du Japon (64,1 milliards de dollars) et du Royaume-Uni (61,3 milliards de dollars). Les exportations par habitant aux Îles Marshall étaient inférieures à celles de la France (1 199,1 de dollars), du Royaume-Uni (1 094,1 de dollars), de l'Allemagne (1 052,2 de dollars), des États-Unis (586,5 de dollars) et du Japon (575,8 de dollars). La croissance des exportations aux Îles Marshall était supérieure à celle de l'Allemagne (5,1%) et du Royaume-Uni (5,0%); mais inférieure à celle du Japon (8,6%), de la France (7,8%) et des États-Unis (6,8%).

Les années 1980

La valeur des exportations aux Îles Marshall était de 22,1 millions de dollars par an dans les années 1980, se classant au 176ème rang mondial. La part dans le monde était de 0,0009% et de 0,050% en Océanie.

La part des exportations dans le PIB des Îles Marshall était de 45,0% dans les années 1980, au 48ème rang mondial, à égalité avec le Liechtenstein (45,2%), le Belize (45,2%), la Suisse (45,3%).

Les exportations par habitant aux Îles Marshall étaient de 583.9 dollars dans les années 1980, se classant au 85ème rang mondial, à égalité avec la république du Congo (574,6 de dollars). Les exportations par habitant aux Îles Marshall étaient 10,2% supérieures les exportations par habitant au Monde (529,9 US$), et 3,0 fois inférieures les exportations par habitant en Océanie (1 779,0 US$).

La croissance des exportations aux Îles Marshall était de 3.7% dans les années 1980, se classant au 92ème rang mondial, à égalité avec le Népal (3,7%), la Guinée (3,7%). La croissance des exportations aux Îles Marshall (3,7%) a été inférieure à celle du monde (3,8%), et inférieure à celle de l'Océanie (4,3%).

Comparaison avec les voisins. La valeur des exportations aux Îles Marshall était supérieure à celle des États fédérés de Micronésie (19,0 millions de dollars), de Nauru (7,8 millions de dollars) et des Kiribati (7,1 millions de dollars). Les exportations par habitant aux Îles Marshall étaient supérieures à celles des ÉFM (226,2 de dollars) et des Kiribati (111,3 de dollars); mais inférieures à celles de Nauru (919,2 de dollars). La croissance des exportations aux Îles Marshall était supérieure à celle des ÉFM (2,9%), de Nauru (-13,4%) et des Kiribati (-15,6%).

Comparaison avec les leaders. La valeur des exportations aux Îles Marshall était inférieure à celle des États-Unis (338,6 milliards de dollars), du Japon (210,6 milliards de dollars), de l'Allemagne (208,1 milliards de dollars), de la France (155,9 milliards de dollars) et du Royaume-Uni (155,0 milliards de dollars). Les exportations par habitant aux Îles Marshall étaient inférieures à celles de la France (2 757,6 de dollars), du Royaume-Uni (2 744,8 de dollars), de l'Allemagne (2 667,0 de dollars), du Japon (1 736,5 de dollars) et des États-Unis (1 413,8 de dollars). La croissance des exportations aux Îles Marshall était supérieure à celle du Royaume-Uni (3,0%); mais inférieure à celle du Japon (6,7%), des États-Unis (5,7%), de l'Allemagne (4,7%) et de la France (4,0%).

Les années 1990

Les exportations des Îles Marshall étaient de 31,7 millions de dollars par an dans les années 1990, au 201ème rang mondial. La part dans le monde était de 0,0005% et de 0,035% en Océanie.

La part des exportations dans le PIB des Îles Marshall était de 31,1% dans les années 1990, se situant au 101ème rang mondial, à égalité avec la Russie (31,2%), l'Arménie (30,9%).

Les exportations par habitant aux Îles Marshall étaient de 638.3 dollars dans les années 1990, se situant au 103ème rang mondial, à égalité avec la Bulgarie (636,1 de dollars), l'Argentine (648,4 de dollars), l'Est (654,0 de dollars). Les exportations par habitant aux Îles Marshall étaient 38,0% inférieures les exportations par habitant au Monde (1 029,5 US$), et 4,9 fois inférieures les exportations par habitant en Océanie (3 150,8 US$).

La croissance des exportations aux Îles Marshall était de -2.7% dans les années 1990, se classant au 182ème rang mondial. La croissance des exportations aux Îles Marshall (-2,7%) a été inférieure à celle du monde (6,9%), et inférieure à celle de l'Océanie (7,2%).

Comparaison avec les voisins. Les exportations des Îles Marshall étaient supérieures à celles des Kiribati (8,8 millions de dollars) et de Nauru (5,2 millions de dollars); mais inférieures à celles des États fédérés de Micronésie (36,6 millions de dollars). Les exportations par habitant aux Îles Marshall étaient supérieures à celles de Nauru (503,7 de dollars), des États fédérés de Micronésie (349,8 de dollars) et des Kiribati (113,9 de dollars). La croissance des exportations aux Îles Marshall était supérieure à celle de Nauru (-14,3%); mais inférieure à celle des ÉFM (1,1%) et des Kiribati (-2,2%).

Comparaison avec les leaders. La valeur des exportations aux Îles Marshall était inférieure à celle des États-Unis (773,6 milliards de dollars), de l'Allemagne (509,0 milliards de dollars), du Japon (418,7 milliards de dollars), de la France (329,8 milliards de dollars) et du Royaume-Uni (324,3 milliards de dollars). Les exportations par habitant aux Îles Marshall étaient inférieures à celles de l'Allemagne (6 311,2 de dollars), du Royaume-Uni (5 602,2 de dollars), de la France (5 553,9 de dollars), du Japon (3 320,8 de dollars) et des États-Unis (2 925,3 de dollars). La croissance des exportations aux Îles Marshall était inférieure à celle des États-Unis (7,2%), de la France (6,5%), de l'Allemagne (6,0%), du Royaume-Uni (5,7%) et du Japon (4,2%).

Les années 2000

Les exportations des Îles Marshall étaient de 44,4 millions de dollars par an dans les années 2000, se classant au 202ème rang mondial à égalité avec le Timor oriental (44,1 millions de dollars). La part dans le monde était de 0,0004% et de 0,024% en Océanie.

La structure des exportations: produits primaires (16,9%), articles manufacturés provenant de ressources naturelles (2,6%), articles manufacturés de technologie moyenne (75,8%), articles manufacturés à haute technologie (1,1%).

Les Îles Marshall a exporté des marchandises vers l'Allemagne (19,7%), la Pologne (13,5%), la Grèce (10,1%), la Thaïlande (10,1%), la Belgique (9,0%) et d'autres pays (37,6%).

La part des exportations dans le PIB des Îles Marshall était de 32,6% dans les années 2000, au 116ème rang mondial, à égalité avec l'Afrique (32,4%).

Les exportations par habitant aux Îles Marshall étaient de 819 dollars dans les années 2000, se classant au 126ème rang mondial, à égalité avec l'Équateur (822,5 de dollars), la Papouasie-Nouvelle-Guinée (822,7 de dollars). Les exportations par habitant aux Îles

Chapitre X. Exportations

Marshall étaient 2,4 fois inférieures les exportations par habitant au Monde (1 933,7 US$), et 6,7 fois inférieures les exportations par habitant en Océanie (5 498,6 US$).

La croissance des exportations aux Îles Marshall était de 0.9% dans les années 2000, se situant au 179ème rang mondial. La croissance des exportations aux Îles Marshall (0,86%) a été inférieure à celle du monde (4,8%), et inférieure à celle de l'Océanie (3,0%).

Comparaison avec les voisins. La valeur des exportations aux Îles Marshall était supérieure à celle des Kiribati (15,0 millions de dollars) et de Nauru (4,1 millions de dollars); mais inférieure à celle des États fédérés de Micronésie (48,3 millions de dollars). Les exportations par habitant aux Îles Marshall étaient supérieures à celles des ÉFM (457,1 de dollars), de Nauru (407,7 de dollars) et des Kiribati (163,1 de dollars). La croissance des exportations aux Îles Marshall était supérieure à celle de Nauru (0,24%); mais inférieure à celle des Kiribati (3,4%) et des États fédérés de Micronésie (3,3%).

Comparaison avec les leaders. Les exportations des Îles Marshall étaient inférieures à celles des États-Unis (1,3 billions de dollars), de l'Allemagne (1,0 billions de dollars), de la Chine (780,2 milliards de dollars), du Japon (626,3 milliards de dollars) et du Royaume-Uni (591,1 milliards de dollars). Les exportations par habitant aux Îles Marshall étaient supérieures à celles de la Chine (588,1 de dollars); mais inférieures à celles de l'Allemagne (12 836,9 de dollars), du Royaume-Uni (9 780,7 de dollars), du Japon (4 886,4 de dollars) et des États-Unis (4 488,4 de dollars). La croissance des exportations aux Îles Marshall était inférieure à celle de la Chine (12,7%), de l'Allemagne (5,0%), du Japon (3,5%), des États-Unis (3,3%) et du Royaume-Uni (2,8%).

Les années 2010

La valeur des exportations aux Îles Marshall était de 95,7 millions de dollars par an dans les années 2010, se situant au 203ème rang mondial. La part dans le monde était de 0,0004% et de 0,025% en Océanie.

La structure des exportations: produits primaires (16,1%), articles manufacturés provenant de ressources naturelles (4,1%), articles manufacturés de technologie moyenne (77,1%).

Les Îles Marshall a exporté des marchandises vers la Thaïlande (20,1%), la Pologne (17,3%), la Corée du Sud (13,0%), la Grèce (7,5%), la Namibie (5,2%) et d'autres pays (36,9%).

La part des exportations dans le PIB des Îles Marshall était de 49,0% dans les années 2010, au 64ème rang mondial, à égalité avec la Pologne (48,8%), l'Azerbaïdjan (49,2%), l'Europe de l'Ouest (49,4%).

Les exportations par habitant aux Îles Marshall étaient de 1666.8 dollars dans les années 2010, au 120ème rang mondial, à égalité avec la Jamaïque (1 654,0 de dollars), la Géorgie (1 680,0 de dollars), la République dominicaine (1 645,9 de dollars). Les exportations par habitant aux Îles Marshall étaient 46,2% inférieures les exportations par habitant au Monde (3 098,9 US$), et 5,8 fois inférieures les exportations par habitant en Océanie (9 599,0 US$).

La croissance des exportations aux Îles Marshall était de 5.8% dans les années 2010, se situant au 64ème rang mondial, à égalité avec le Portugal (5,7%), Nauru (5,8%), le Qatar (5,8%). La croissance des exportations aux Îles Marshall (5,8%) a été supérieure à celle du monde (4,4%), et supérieure à celle de l'Océanie (3,9%).

Comparaison avec les voisins. La valeur des exportations aux Îles Marshall était 6,4% supérieure à celle des ÉFM (89,9 millions de dollars), 3,9 fois supérieure à celle des Kiribati (24,6 millions de dollars) et 6,2 fois supérieure à celle de Nauru (15,4 millions de dollars). Les exportations par habitant aux Îles Marshall étaient 12,4% supérieures à celles de Nauru (1 483,3 de dollars), 2,0 fois supérieures à celles des ÉFM (831,6 de dollars) et 7,5 fois supérieures à celles des Kiribati (222,9 de dollars). La croissance des exportations aux Îles Marshall était supérieure à celle de Nauru (5,8%), des ÉFM (2,6%) et des Kiribati (-1,6%).

Comparaison avec les leaders. La valeur des exportations aux Îles Marshall était 23 964,5 fois inférieure à celle de la Chine (2,3 billions de dollars), 23 717,3 fois inférieure à celle des États-Unis (2,3 billions de dollars), 17 589,3 fois inférieure à celle de l'Allemagne (1,7 billions de dollars), 8 980,7 fois inférieure à celle du Japon (859,4 milliards de dollars) et 8 517,2 fois inférieure à celle du Royaume-Uni (815,1 milliards de dollars). Les exportations par habitant aux Îles Marshall étaient 1,9% supérieures à celles de la Chine (1 635,3 de dollars); mais 12,3 fois inférieures à celles de l'Allemagne (20 563,4 de dollars), 7,5 fois inférieures à celles du Royaume-Uni (12 425,4 de dollars), 4,3 fois inférieures à celles des États-Unis (7 104,2 de dollars) et 4,0 fois inférieures à celles du Japon (6 718,2 de dollars). La croissance des exportations aux Îles Marshall était supérieure à celle de l'Allemagne (4,7%), du Japon (4,6%), des États-Unis (3,7%) et du Royaume-Uni (3,1%); mais inférieure à celle de la Chine (6,8%).

Chapitre XI. Importations

La valeur des importations aux Îles Marshall est passé de 14,0 millions de dollars par an dans les années 1970 à 184,8 millions de dollars par an dans les années 2010, c'est-à-dire 170,9 millions de dollars ou de 13,2 fois. La variation a été de 145,2 millions de dollars en raison de l'augmentation de 4,7 fois des prix, et de 7,5 millions de dollars en raison de la croissance du taux par habitant de 1,2 fois, et de 18,2 millions de dollars en raison de la croissance démographique. La croissance annuelle moyenne des importations était de 3,4%. La valeur minimale était de 7,4 millions de dollars en 1970. La valeur maximale était de 211,2 millions de dollars en 2019.

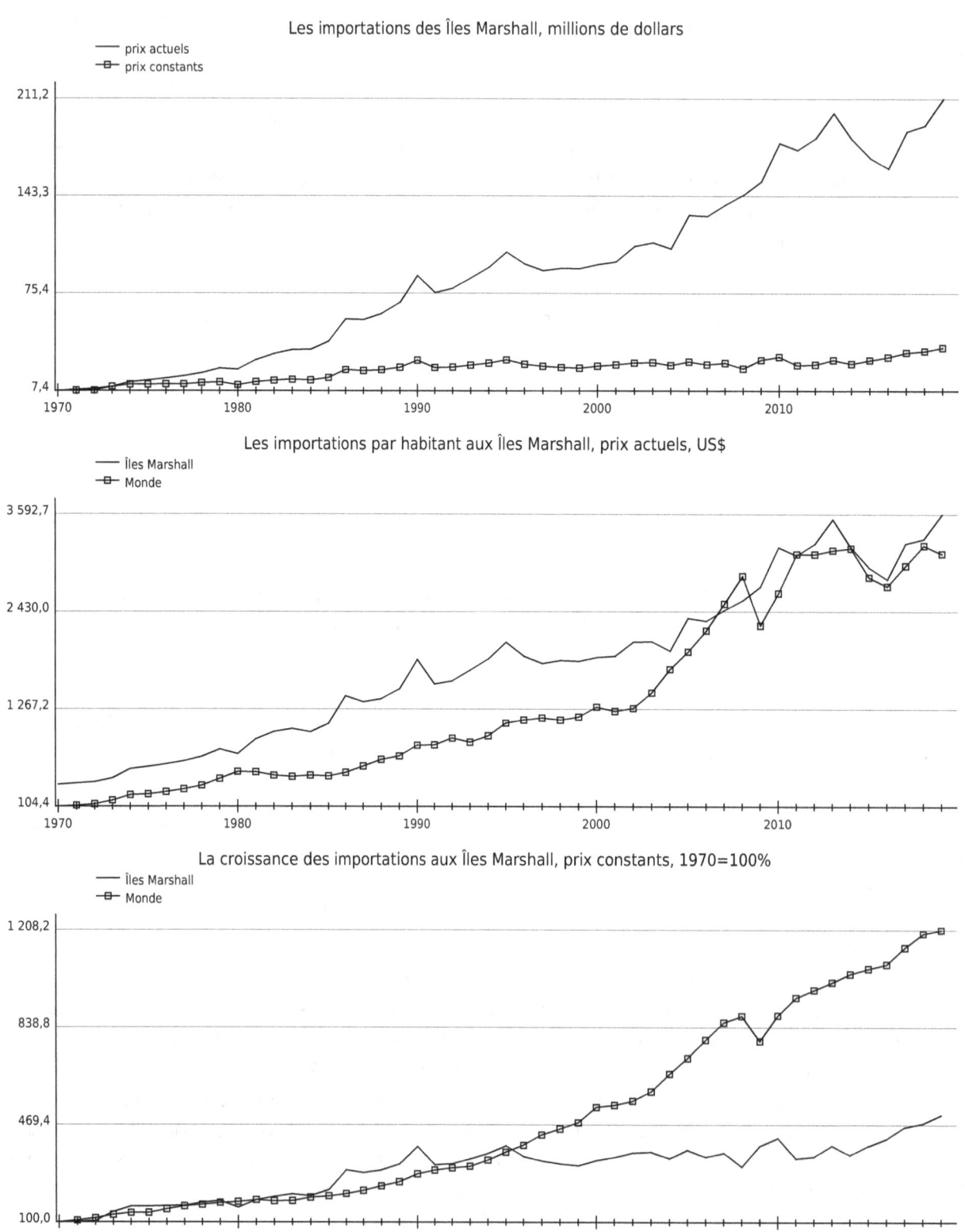

Chapitre XI. Importations

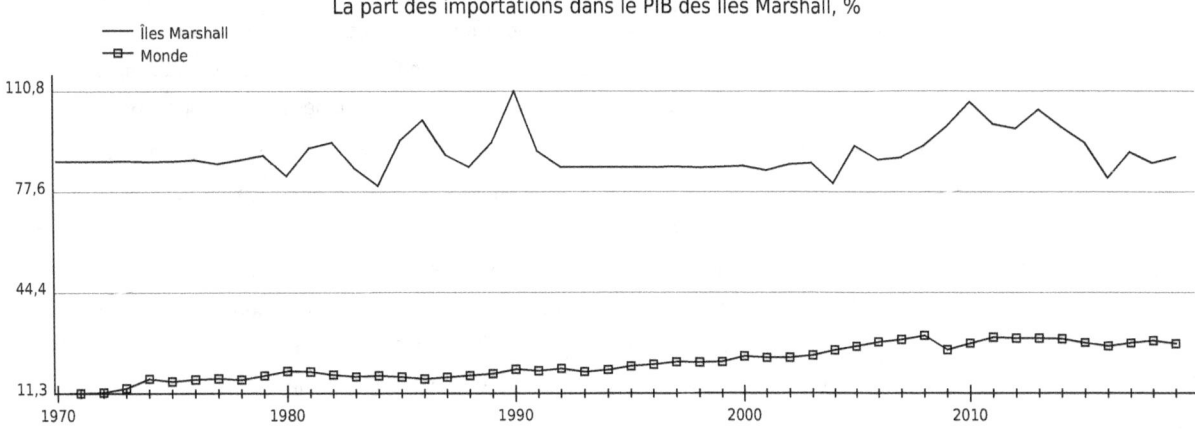

Les années 1970

Les importations des Îles Marshall étaient de 14,0 millions de dollars par an dans les années 1970, se classant au 175ème rang mondial à égalité avec Sao Tomé-et-Principe (13,8 millions de dollars). La part dans le monde était de 0,0014% et de 0,072% en Océanie.

La part des importations dans le PIB des Îles Marshall était de 88,0% dans les années 1970, au 10ème rang mondial.

Les importations par habitant aux Îles Marshall étaient de 559.9 dollars dans les années 1970, se situant au 66ème rang mondial, à égalité avec Cuba (571,1 de dollars), le Japon (547,6 de dollars). Les importations par habitant aux Îles Marshall étaient 2,3 fois supérieures les importations par habitant au Monde (244,3 US$), et 38,7% inférieures les importations par habitant en Océanie (913,9 US$).

La croissance des importations aux Îles Marshall était de 6.8% dans les années 1970, se situant au 77ème rang mondial, à égalité avec le Liechtenstein (6,8%), la Guinée-Bissau (6,8%). La croissance des importations aux Îles Marshall (6,8%) a été supérieure à celle du monde (6,3%), et supérieure à celle de l'Océanie (2,8%).

Comparaison avec les voisins. La valeur des importations aux Îles Marshall était supérieure à celle de Nauru (11,2 millions de dollars); mais inférieure à celle des États fédérés de Micronésie (33,9 millions de dollars) et des Kiribati (19,2 millions de dollars). Les importations par habitant aux Îles Marshall étaient supérieures à celles des ÉFM (527,0 de dollars) et des Kiribati (350,6 de dollars); mais inférieures à celles de Nauru (1 582,5 de dollars). La croissance des importations aux Îles Marshall était supérieure à celle des Kiribati (6,7%), des États fédérés de Micronésie (6,6%) et de Nauru (4,3%).

Comparaison avec les leaders. Les importations des Îles Marshall étaient inférieures à celles des États-Unis (133,2 milliards de dollars), de l'Allemagne (92,5 milliards de dollars), de la France (63,3 milliards de dollars), du Royaume-Uni (62,4 milliards de dollars) et du Japon (61,0 milliards de dollars). Les importations par habitant aux Îles Marshall étaient supérieures à celles du Japon (547,6 de dollars); mais inférieures à celles de la France (1 181,1 de dollars), de l'Allemagne (1 175,1 de dollars), du Royaume-Uni (1 113,2 de dollars) et des États-Unis (610,4 de dollars). La croissance des importations aux Îles Marshall était supérieure à celle de l'Allemagne (5,6%), des États-Unis (5,1%) et du Royaume-Uni (4,5%); mais inférieure à celle de la France (7,2%) et du Japon (7,0%).

Les années 1980

Les importations des Îles Marshall étaient de 44,3 millions de dollars par an dans les années 1980, se classant au 176ème rang mondial. La part dans le monde était de 0,0017% et de 0,090% en Océanie.

La part des importations dans le PIB des Îles Marshall était de 90,2% dans les années 1980, au 13ème rang mondial.

Les importations par habitant aux Îles Marshall étaient de 1171.2 dollars dans les années 1980, se classant au 69ème rang mondial, à égalité avec la Micronésie (1 154,3 de dollars), l'Asie de l'Ouest (1 150,0 de dollars). Les importations par habitant aux Îles Marshall étaient 2,2 fois supérieures les importations par habitant au Monde (539,1 US$), et 41,1% inférieures les importations par habitant en Océanie (1 987,8 US$).

La croissance des importations aux Îles Marshall était de 5.8% dans les années 1980, au 40ème rang mondial, à égalité avec les États-Unis (5,8%), Sainte-Lucie (5,9%). La croissance des importations aux Îles Marshall (5,8%) a été supérieure à celle du monde (3,8%), et supérieure à celle de l'Océanie (5,7%).

Comparaison avec les voisins. La valeur des importations aux Îles Marshall était supérieure à celle des Kiribati (42,4 millions de dollars); mais inférieure à celle des États fédérés de Micronésie (83,2 millions de dollars) et de Nauru (46,4 millions de dollars). Les importations par habitant aux Îles Marshall étaient supérieures à celles des États fédérés de Micronésie (991,2 de dollars) et des Kiribati (660,4 de dollars); mais inférieures à celles de Nauru (5 494,7 de dollars). La croissance des importations aux Îles Marshall était supérieure à celle de Nauru (5,4%), des États fédérés de Micronésie (2,9%) et des Kiribati (2,8%).

Comparaison avec les leaders. Les importations des Îles Marshall étaient inférieures à celles des États-Unis (417,2 milliards de dollars), de l'Allemagne (225,6 milliards de dollars), du Japon (175,9 milliards de dollars), de la France (162,0 milliards de dollars) et du Royaume-Uni (157,7 milliards de dollars). Les importations par habitant aux Îles Marshall étaient inférieures à celles de l'Allemagne (2 891,9 de dollars), de la France (2 867,2 de dollars), du Royaume-Uni (2 793,0 de dollars), des États-Unis (1 742,4 de dollars) et du Japon (1 450,4 de dollars). La croissance des importations aux Îles Marshall était supérieure à celle du Royaume-Uni (5,1%), du Japon (4,6%), de la France (4,3%) et de l'Allemagne (3,3%); mais inférieure à celle des États-Unis (5,8%).

Les années 1990

La valeur des importations aux Îles Marshall était de 89,9 millions de dollars par an dans les années 1990, au 199ème rang mondial. La part dans le monde était de 0,0016% et de 0,096% en Océanie.

La part des importations dans le PIB des Îles Marshall était de 88,1% dans les années 1990, se situant au 11ème rang mondial, à égalité avec d'Aruba (88,2%), la Malaisie (88,6%).

Les importations par habitant aux Îles Marshall étaient de 1808.2 dollars dans les années 1990, au 71ème rang mondial, à égalité avec la Grenade (1 807,3 de dollars), les Amériques (1 812,7 de dollars), Trinité-et-Tobago (1 843,3 de dollars). Les importations par habitant aux Îles Marshall étaient 78,1% supérieures les importations par habitant au Monde (1 015,5 US$), et 44,3% inférieures les importations par habitant en Océanie (3 244,3 US$).

La croissance des importations aux Îles Marshall était de -0.1% dans les années 1990, au 169ème rang mondial, à égalité avec la République centrafricaine (-0,14%). La croissance des importations aux Îles Marshall (-0,14%) a été inférieure à celle du monde (6,6%), et inférieure à celle de l'Océanie (6,2%).

Comparaison avec les voisins. Les importations des Îles Marshall étaient supérieures à celles des Kiribati (39,7 millions de dollars) et de Nauru (28,2 millions de dollars); mais inférieures à celles des États fédérés de Micronésie (162,2 millions de dollars). Les importations par habitant aux Îles Marshall étaient supérieures à celles des ÉFM (1 549,9 de dollars) et des Kiribati (512,6 de dollars); mais inférieures à celles de Nauru (2 738,7 de dollars). La croissance des importations aux Îles Marshall était supérieure à celle des Kiribati (-6,5%) et de Nauru (-18,0%); mais inférieure à celle des États fédérés de Micronésie (1,7%).

Comparaison avec les leaders. Les importations des Îles Marshall étaient inférieures à celles des États-Unis (874,1 milliards de dollars), de l'Allemagne (501,6 milliards de dollars), du Japon (355,9 milliards de dollars), du Royaume-Uni (330,2 milliards de dollars) et de la France (308,5 milliards de dollars). Les importations par habitant aux Îles Marshall étaient inférieures à celles de l'Allemagne (6 220,3 de dollars), du Royaume-Uni (5 705,3 de dollars), de la France (5 194,4 de dollars), des États-Unis (3 305,6 de dollars) et du Japon (2 822,9 de dollars). La croissance des importations aux Îles Marshall était inférieure à celle des États-Unis (8,3%), de l'Allemagne (6,4%), de la France (5,1%), du Royaume-Uni (5,1%) et du Japon (3,3%).

Les années 2000

La valeur des importations aux Îles Marshall était de 121,3 millions de dollars par an dans les années 2000, se situant au 203ème rang mondial. La part dans le monde était de 0,0010% et de 0,062% en Océanie.

La structure des importations: articles manufacturés provenant de ressources naturelles (1,6%), articles manufacturés de technologie moyenne (87,3%).

Les Îles Marshall a importé des marchandises en provenance la Corée du Sud (53,4%), Singapour (9,4%), le Japon (8,6%), la Chine (8,0%), l'Allemagne (3,3%) et d'autres pays (17,4%).

La part des importations dans le PIB des Îles Marshall était de 89,0% dans les années 2000, se situant au 15ème rang mondial.

Les importations par habitant aux Îles Marshall étaient de 2238.1 dollars dans les années 2000, se classant au 91ème rang mondial, à égalité avec la Jamaïque (2 252,3 de dollars), le Suriname (2 259,0 de dollars), le Mexique (2 269,2 de dollars). Les importations par habitant aux Îles Marshall étaient 17,8% supérieures les importations par habitant au Monde (1 899,9 US$), et 2,6 fois inférieures les

Chapitre XI. Importations

importations par habitant en Océanie (5 844,4 US$).

La croissance des importations aux Îles Marshall était de 2.2% dans les années 2000, se classant au 170ème rang mondial, à égalité avec les Samoa (2,2%). La croissance des importations aux Îles Marshall (2,2%) a été inférieure à celle du monde (5,1%), et inférieure à celle de l'Océanie (6,6%).

Comparaison avec les voisins. La valeur des importations aux Îles Marshall était supérieure à celle des Kiribati (96,9 millions de dollars) et de Nauru (26,2 millions de dollars); mais inférieure à celle des États fédérés de Micronésie (192,1 millions de dollars). Les importations par habitant aux Îles Marshall étaient supérieures à celles des ÉFM (1 816,6 de dollars) et des Kiribati (1 053,5 de dollars); mais inférieures à celles de Nauru (2 626,6 de dollars). La croissance des importations aux Îles Marshall était supérieure à celle des États fédérés de Micronésie (1,5%); mais inférieure à celle des Kiribati (6,7%) et de Nauru (3,5%).

Comparaison avec les leaders. La valeur des importations aux Îles Marshall était inférieure à celle des États-Unis (1,9 billions de dollars), de l'Allemagne (914,7 milliards de dollars), du Royaume-Uni (641,8 milliards de dollars), de la Chine (641,1 milliards de dollars) et du Japon (566,4 milliards de dollars). Les importations par habitant aux Îles Marshall étaient supérieures à celles de la Chine (483,3 de dollars); mais inférieures à celles de l'Allemagne (11 237,8 de dollars), du Royaume-Uni (10 620,4 de dollars), des États-Unis (6 400,9 de dollars) et du Japon (4 418,9 de dollars). La croissance des importations aux Îles Marshall était supérieure à celle du Japon (1,8%); mais inférieure à celle de la Chine (15,1%), de l'Allemagne (3,7%), du Royaume-Uni (3,1%) et des États-Unis (2,8%).

Les années 2010

Les importations des Îles Marshall étaient de 184,8 millions de dollars par an dans les années 2010, se classant au 205ème rang mondial à égalité avec les îles Cook (187,0 millions de dollars). La part dans le monde était de 0,0008% et de 0,049% en Océanie.

La structure des importations: articles manufacturés provenant de ressources naturelles (2,9%), articles manufacturés de technologie moyenne (76,9%).

Les Îles Marshall a importé des marchandises en provenance la Corée du Sud (42,5%), Singapour (18,2%), la Chine (16,3%), le Japon (10,2%), l'Allemagne (2,8%) et d'autres pays (10,0%).

La part des importations dans le PIB des Îles Marshall était de 94,6% dans les années 2010, se classant au 12ème rang mondial, à égalité avec les Kiribati (94,3%), le Lesotho (94,2%), Nauru (95,1%).

Les importations par habitant aux Îles Marshall étaient de 3219.2 dollars dans les années 2010, se situant au 101ème rang mondial, à égalité avec le Suriname (3 229,2 de dollars), les Caraïbes (3 184,6 de dollars), le Venezuela (3 284,1 de dollars). Les importations par habitant aux Îles Marshall étaient 6,8% supérieures les importations par habitant au Monde (3 015,6 US$), et 3,0 fois inférieures les importations par habitant en Océanie (9 570,0 US$).

La croissance des importations aux Îles Marshall était de 2.7% dans les années 2010, au 149ème rang mondial, à égalité avec la Namibie (2,7%), l'Ouganda (2,7%). La croissance des importations aux Îles Marshall (2,7%) a été inférieure à celle du monde (4,4%), et inférieure à celle de l'Océanie (5,7%).

Comparaison avec les voisins. La valeur des importations aux Îles Marshall était 7,6% supérieure à celle des Kiribati (171,8 millions de dollars) et 70,3% supérieure à celle de Nauru (108,6 millions de dollars); mais 29,2% inférieure à celle des États fédérés de Micronésie (261,1 millions de dollars). Les importations par habitant aux Îles Marshall étaient 33,3% supérieures à celles des ÉFM (2 415,0 de dollars) et 2,1 fois supérieures à celles des Kiribati (1 558,7 de dollars); mais 3,3 fois inférieures à celles de Nauru (10 481,3 de dollars). La croissance des importations aux Îles Marshall était supérieure à celle des Kiribati (2,6%) et des États fédérés de Micronésie (-0,83%); mais inférieure à celle de Nauru (10,3%).

Comparaison avec les leaders. Les importations des Îles Marshall étaient 15 242,1 fois inférieures à celles des États-Unis (2,8 billions de dollars), 11 194,6 fois inférieures à celles de la Chine (2,1 billions de dollars), 7 870,5 fois inférieures à celles de l'Allemagne (1,5 billions de dollars), 4 749,9 fois inférieures à celles du Japon (877,9 milliards de dollars) et 4 624,7 fois inférieures à celles du Royaume-Uni (854,8 milliards de dollars). Les importations par habitant aux Îles Marshall étaient 2,2 fois supérieures à celles de la Chine (1 475,4 de dollars); mais 5,5 fois inférieures à celles de l'Allemagne (17 771,2 de dollars), 4,0 fois inférieures à celles du Royaume-Uni (13 030,6 de dollars), 2,7 fois inférieures à celles des États-Unis (8 817,8 de dollars) et 2,1 fois inférieures à celles du Japon (6 862,7 de dollars). La croissance des importations aux Îles Marshall était inférieure à celle de la Chine (8,2%), de l'Allemagne

(4,8%), des États-Unis (4,4%), du Japon (3,8%) et du Royaume-Uni (3,6%).

Partie IV. Consommation

Chapitre XII. Dépenses publiques

Dépenses de consommation des administrations publiques

Les dépenses publiques des Îles Marshall sont passés de 10,0 millions de dollars par an dans les années 1970 à 107,8 millions de dollars par an dans les années 2010, c'est-à-dire 97,9 millions de dollars ou de 10,8 fois. La variation a été de 77,9 millions de dollars en raison de l'augmentation de 3,6 fois des prix, et de 7,0 millions de dollars en raison de la croissance du taux par habitant de 1,3 fois, et de 13,0 millions de dollars en raison de la croissance démographique. La croissance annuelle moyenne des dépenses publiques était de 3,4%. La valeur minimale était de 5,3 millions de dollars en 1970. La valeur maximale était de 135,0 millions de dollars en 2019.

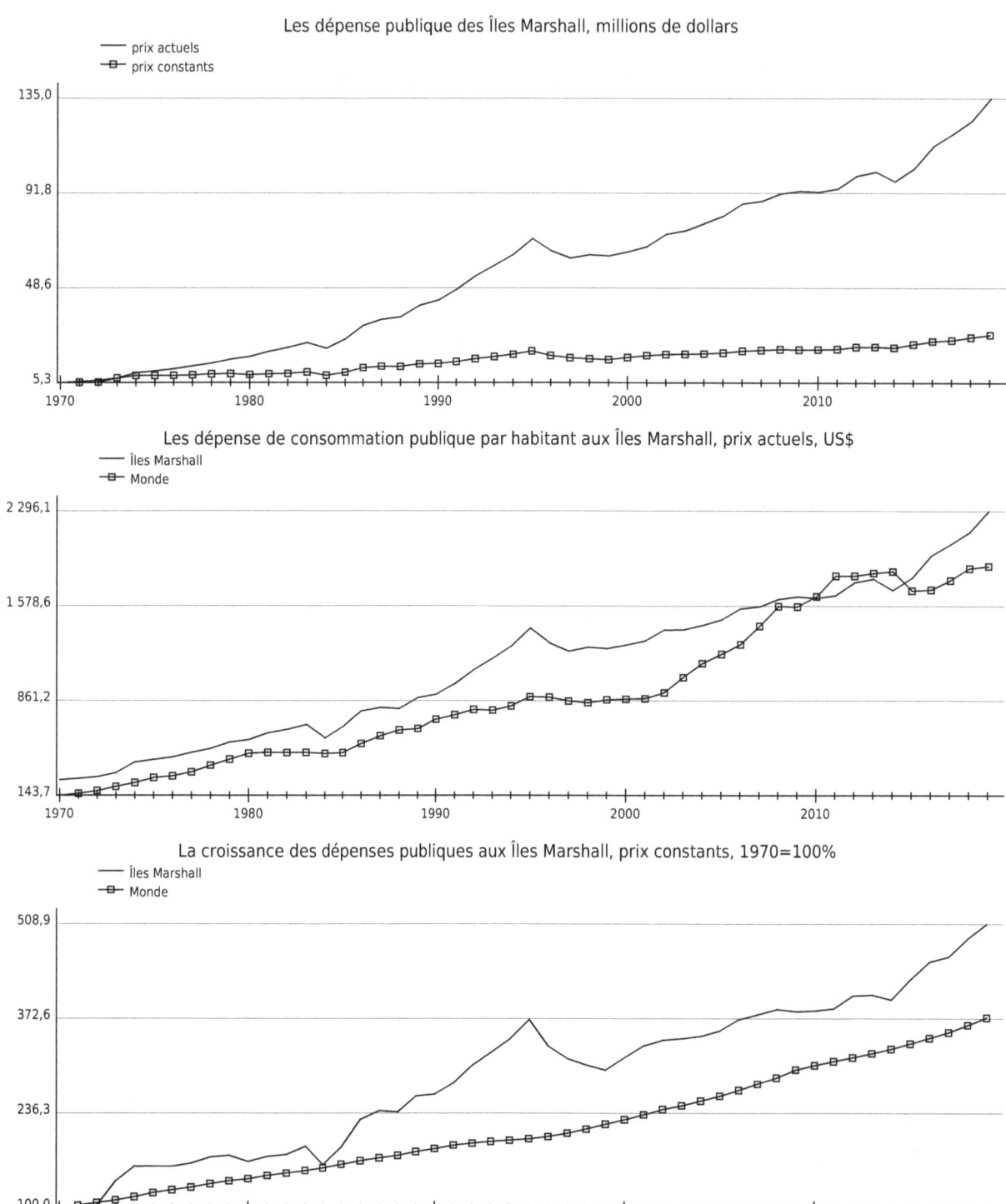

Chapitre XII. Dépenses publiques

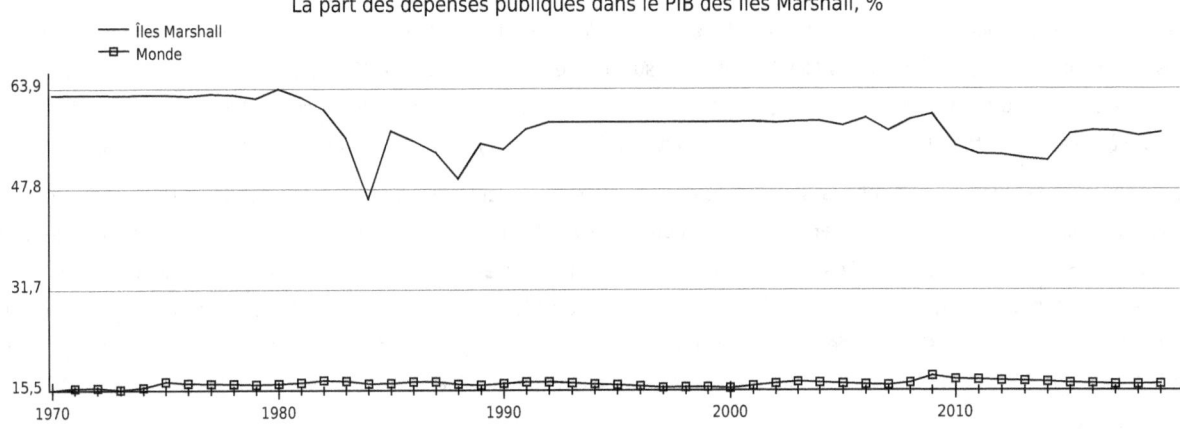

Les années 1970

Les dépense de consommation publique des Îles Marshall étaient de 10,0 millions de dollars par an dans les années 1970, se classant au 167ème rang mondial. La part dans le monde était de 0,0009% et de 0,051% en Océanie.

La part des dépenses publiques dans le PIB des Îles Marshall était de 62,8% dans les années 1970, au 2ème rang mondial.

Les dépenses publiques par habitant aux Îles Marshall étaient de 399.6 dollars dans les années 1970, se situant au 51ème rang mondial, à égalité avec les Seychelles (399,7 de dollars), l'Est (408,0 de dollars), Cuba (409,6 de dollars). Les dépense de consommation publique par habitant aux Îles Marshall étaient 50,7% supérieures les dépenses publiques par habitant au Monde (265,2 US$), et 2,3 fois inférieures les dépense publique par habitant en Océanie (920,9 US$).

La croissance des dépenses publiques aux Îles Marshall était de 6.5% dans les années 1970, se situant au 76ème rang mondial, à égalité avec l'Amérique du Sud (6,5%). La croissance des dépenses publiques aux Îles Marshall (6,5%) a été supérieure à celle du monde (3,7%), et supérieure à celle de l'Océanie (3,9%).

Comparaison avec les voisins. Les dépense de consommation publique des Îles Marshall étaient supérieures à celles de Nauru (6,0 millions de dollars); mais inférieures à celles des États fédérés de Micronésie (22,3 millions de dollars) et des Kiribati (10,3 millions de dollars). Les dépense de consommation publique par habitant aux Îles Marshall étaient supérieures à celles des États fédérés de Micronésie (346,5 de dollars) et des Kiribati (188,3 de dollars); mais inférieures à celles de Nauru (845,4 de dollars). La croissance des dépenses publiques aux Îles Marshall était supérieure à celle des Kiribati (-0,24%) et de Nauru (-2,5%); mais inférieure à celle des États fédérés de Micronésie (6,6%).

Comparaison avec les leaders. Les dépense publique des Îles Marshall étaient inférieures à celles des États-Unis (285,9 milliards de dollars), de l'URSS (117,3 milliards de dollars), de l'Allemagne (95,6 milliards de dollars), du Japon (78,0 milliards de dollars) et de la France (64,5 milliards de dollars). Les dépense de consommation publique par habitant aux Îles Marshall étaient inférieures à celles des États-Unis (1 310,2 de dollars), de l'Allemagne (1 213,7 de dollars), de la France (1 202,3 de dollars), du Japon (700,2 de dollars) et de l'URSS (465,0 de dollars). La croissance des dépenses publiques aux Îles Marshall était supérieure à celle du Japon (5,3%), de la France (5,0%), de l'Allemagne (4,4%) et des États-Unis (0,94%); mais inférieure à celle de l'URSS (7,2%).

Les années 1980

Les dépense publique des Îles Marshall étaient de 27,0 millions de dollars par an dans les années 1980, au 169ème rang mondial. La part dans le monde était de 0,0011% et de 0,057% en Océanie.

La part des dépenses publiques dans le PIB des Îles Marshall était de 55,0% dans les années 1980, au 2ème rang mondial.

Les dépenses publiques par habitant aux Îles Marshall étaient de 713.3 dollars dans les années 1980, se classant au 56ème rang mondial, à égalité avec Chypre (709,2 de dollars). Les dépense publique par habitant aux Îles Marshall étaient 36,3% supérieures les dépenses publiques par habitant au Monde (523,5 US$), et 2,7 fois inférieures les dépenses publiques par habitant en Océanie (1 914,7 US$).

La croissance des dépenses publiques aux Îles Marshall était de 4% dans les années 1980, au 75ème rang mondial, à égalité avec le Luxembourg (4,0%), la Polynésie (4,0%), Saint-Marin (4,1%). La croissance des dépenses publiques aux Îles Marshall (4,0%) a été supérieure à celle du monde (2,7%), et supérieure à celle de l'Océanie (3,4%).

Comparaison avec les voisins. Les dépenses publiques des Îles Marshall étaient supérieures à celles de Nauru (16,7 millions de dollars) et des Kiribati (15,2 millions de dollars); mais inférieures à celles des États fédérés de Micronésie (54,7 millions de dollars). Les dépenses publiques par habitant aux Îles Marshall étaient supérieures à celles des ÉFM (651,4 de dollars) et des Kiribati (236,9 de dollars); mais inférieures à celles de Nauru (1 972,9 de dollars). La croissance des dépenses publiques aux Îles Marshall était supérieure à celle des États fédérés de Micronésie (2,9%) et des Kiribati (2,2%); mais inférieure à celle de Nauru (4,8%).

Comparaison avec les leaders. Les dépenses publiques des Îles Marshall étaient inférieures à celles des États-Unis (665,3 milliards de dollars), du Japon (257,4 milliards de dollars), de l'Allemagne (203,7 milliards de dollars), de l'URSS (181,1 milliards de dollars) et de la France (159,8 milliards de dollars). Les dépenses publiques par habitant aux Îles Marshall étaient supérieures à celles de l'URSS (658,0 de dollars); mais inférieures à celles de la France (2 826,9 de dollars), des États-Unis (2 778,2 de dollars), de l'Allemagne (2 611,1 de dollars) et du Japon (2 122,5 de dollars). La croissance des dépenses publiques aux Îles Marshall était supérieure à celle du Japon (3,5%), de la France (2,8%), des États-Unis (2,6%) et de l'Allemagne (0,98%); mais inférieure à celle de l'URSS (5,4%).

Les années 1990

Les dépenses publiques des Îles Marshall étaient de 59,3 millions de dollars par an dans les années 1990, au 189ème rang mondial à égalité avec la Guinée-Bissau (60,3 millions de dollars). La part dans le monde était de 0,0013% et de 0,073% en Océanie.

La part des dépenses publiques dans le PIB des Îles Marshall était de 58,1% dans les années 1990, au 3ème rang mondial.

Les dépense publique par habitant aux Îles Marshall étaient de 1192.9 dollars dans les années 1990, au 60ème rang mondial, à égalité avec Nauru (1 209,6 de dollars). Les dépense publique par habitant aux Îles Marshall étaient 44,6% supérieures les dépense publique par habitant au Monde (824,8 US$), et 2,4 fois inférieures les dépenses publiques par habitant en Océanie (2 816,0 US$).

La croissance des dépenses publiques aux Îles Marshall était de 1.3% dans les années 1990, se situant au 130ème rang mondial, à égalité avec la Suède (1,4%). La croissance des dépenses publiques aux Îles Marshall (1,3%) a été inférieure à celle du monde (2,0%), et inférieure à celle de l'Océanie (2,8%).

Comparaison avec les voisins. Les dépense de consommation publique des Îles Marshall étaient supérieures à celles des Kiribati (18,4 millions de dollars) et de Nauru (12,5 millions de dollars); mais inférieures à celles des ÉFM (106,5 millions de dollars). Les dépense publique par habitant aux Îles Marshall étaient supérieures à celles des États fédérés de Micronésie (1 017,2 de dollars) et des Kiribati (237,9 de dollars); mais inférieures à celles de Nauru (1 209,6 de dollars). La croissance des dépenses publiques aux Îles Marshall était supérieure à celle des Kiribati (-1,9%) et de Nauru (-14,0%); mais inférieure à celle des États fédérés de Micronésie (2,0%).

Comparaison avec les leaders. Les dépense publique des Îles Marshall étaient inférieures à celles des États-Unis (1,1 billions de dollars), du Japon (651,8 milliards de dollars), de l'Allemagne (419,6 milliards de dollars), de la France (325,4 milliards de dollars) et du Royaume-Uni (234,6 milliards de dollars). Les dépense publique par habitant aux Îles Marshall étaient inférieures à celles de la France (5 479,6 de dollars), de l'Allemagne (5 203,8 de dollars), du Japon (5 169,1 de dollars), des États-Unis (4 287,3 de dollars) et du Royaume-Uni (4 053,6 de dollars). La croissance des dépenses publiques aux Îles Marshall était supérieure à celle des États-Unis (1,3%); mais inférieure à celle du Japon (3,0%), de l'Allemagne (2,4%), du Royaume-Uni (2,1%) et de la France (1,8%).

Les années 2000

Les dépense de consommation publique des Îles Marshall étaient de 79,9 millions de dollars par an dans les années 2000, se classant au 198ème rang mondial à égalité avec Saint-Christophe-et-Niévès (80,8 millions de dollars). La part dans le monde était de 0,0010% et de 0,054% en Océanie.

La part des dépenses publiques dans le PIB des Îles Marshall était de 58,6% dans les années 2000, au 3ème rang mondial.

Les dépenses publiques par habitant aux Îles Marshall étaient de 1474.2 dollars dans les années 2000, au 72ème rang mondial, à égalité avec la Pologne (1 488,7 de dollars), la Lituanie (1 509,2 de dollars). Les dépense publique par habitant aux Îles Marshall étaient 22,8% supérieures les dépense publique par habitant au Monde (1 200,9 US$), et 3,0 fois inférieures les dépense publique par habitant en Océanie (4 445,7 US$).

La croissance des dépenses publiques aux Îles Marshall était de 2.5% dans les années 2000, se situant au 138ème rang mondial, à égalité avec le Groenland (2,5%), la Norvège (2,5%), la Nouvelle-Calédonie (2,5%). La croissance des dépenses publiques aux Îles Marshall (2,5%) a été inférieure à celle du monde (3,1%), et inférieure à celle de l'Océanie (3,1%).

Comparaison avec les voisins. Les dépense publique des Îles Marshall étaient supérieures à celles des Kiribati (39,3 millions de dollars)

Chapitre XII. Dépenses publiques

et de Nauru (10,7 millions de dollars); mais inférieures à celles des ÉFM (127,7 millions de dollars). Les dépense publique par habitant aux Îles Marshall étaient supérieures à celles des États fédérés de Micronésie (1 207,5 de dollars), de Nauru (1 066,6 de dollars) et des Kiribati (427,2 de dollars). La croissance des dépenses publiques aux Îles Marshall était supérieure à celle des États fédérés de Micronésie (0,64%) et de Nauru (0,43%); mais inférieure à celle des Kiribati (3,6%).

Comparaison avec les leaders. Les dépense publique des Îles Marshall étaient inférieures à celles des États-Unis (1,9 billions de dollars), du Japon (844,2 milliards de dollars), de l'Allemagne (520,1 milliards de dollars), de la France (479,9 milliards de dollars) et du Royaume-Uni (453,4 milliards de dollars). Les dépense de consommation publique par habitant aux Îles Marshall étaient inférieures à celles de la France (7 640,9 de dollars), du Royaume-Uni (7 501,5 de dollars), du Japon (6 586,4 de dollars), des États-Unis (6 545,9 de dollars) et de l'Allemagne (6 389,7 de dollars). La croissance des dépenses publiques aux Îles Marshall était supérieure à celle des États-Unis (2,2%), du Japon (1,7%), de la France (1,7%) et de l'Allemagne (1,4%); mais inférieure à celle du Royaume-Uni (2,9%).

Les années 2010

Les dépenses publiques des Îles Marshall étaient de 107,8 millions de dollars par an dans les années 2010, se situant au 199ème rang mondial à égalité avec la Dominique (110,5 millions de dollars). La part dans le monde était de 0,0008% et de 0,035% en Océanie.

La part des dépenses publiques dans le PIB des Îles Marshall était de 55,2% dans les années 2010, se classant au 3ème rang mondial.

Les dépense de consommation publique par habitant aux Îles Marshall étaient de 1878.2 dollars dans les années 2010, au 82ème rang mondial, à égalité avec l'Est (1 863,4 de dollars), le Costa Rica (1 856,8 de dollars), le Chili (1 926,2 de dollars). Les dépense de consommation publique par habitant aux Îles Marshall étaient 5,2% supérieures les dépenses publiques par habitant au Monde (1 785,1 US$), et 4,2 fois inférieures les dépenses publiques par habitant en Océanie (7 863,2 US$).

La croissance des dépenses publiques aux Îles Marshall était de 2.9% dans les années 2010, se situant au 96ème rang mondial. La croissance des dépenses publiques aux Îles Marshall (2,9%) a été supérieure à celle du monde (2,3%), et inférieure à celle de l'Océanie (3,3%).

Comparaison avec les voisins. Les dépense de consommation publique des Îles Marshall étaient 54,8% supérieures à celles des Kiribati (69,7 millions de dollars) et 2,5 fois supérieures à celles de Nauru (43,8 millions de dollars); mais 34,9% inférieures à celles des États fédérés de Micronésie (165,7 millions de dollars). Les dépense de consommation publique par habitant aux Îles Marshall étaient 22,5% supérieures à celles des ÉFM (1 532,6 de dollars) et 3,0 fois supérieures à celles des Kiribati (632,0 de dollars); mais 2,3 fois inférieures à celles de Nauru (4 233,2 de dollars). La croissance des dépenses publiques aux Îles Marshall était supérieure à celle des ÉFM (-0,38%); mais inférieure à celle de Nauru (10,8%) et des Kiribati (3,1%).

Comparaison avec les leaders. Les dépenses publiques des Îles Marshall étaient 24 605,2 fois inférieures à celles des États-Unis (2,7 billions de dollars), 15 570,8 fois inférieures à celles de la Chine (1,7 billions de dollars), 9 671,8 fois inférieures à celles du Japon (1,0 billions de dollars), 6 691,4 fois inférieures à celles de l'Allemagne (721,6 milliards de dollars) et 5 915,4 fois inférieures à celles de la France (637,9 milliards de dollars). Les dépense publique par habitant aux Îles Marshall étaient 56,9% supérieures à celles de la Chine (1 197,3 de dollars); mais 5,1 fois inférieures à celles de la France (9 617,6 de dollars), 4,7 fois inférieures à celles de l'Allemagne (8 815,0 de dollars), 4,4 fois inférieures à celles des États-Unis (8 304,9 de dollars) et 4,3 fois inférieures à celles du Japon (8 152,8 de dollars). La croissance des dépenses publiques aux Îles Marshall était supérieure à celle de l'Allemagne (1,9%), du Japon (1,3%), de la France (1,3%) et des États-Unis (0,0052%); mais inférieure à celle de la Chine (8,3%).

Chapitre XIII. Dépenses ménagères

Dépenses de consommation des ménages

Les dépenses ménagères des Îles Marshall sont passés de 12,0 millions de dollars par an dans les années 1970 à 141,2 millions de dollars par an dans les années 2010, c'est-à-dire 129,3 millions de dollars ou de 11,8 fois. La variation a été de 111,1 millions de dollars en raison de l'augmentation de 4,7 fois des prix, et de 2,6 millions de dollars en raison de la croissance du taux par habitant de 1,1 fois, et de 15,6 millions de dollars en raison de la croissance démographique. La croissance annuelle moyenne des dépenses ménagères était de 2,9%. La valeur minimale était de 6,4 millions de dollars en 1970. La valeur maximale était de 171,8 millions de dollars en 2019.

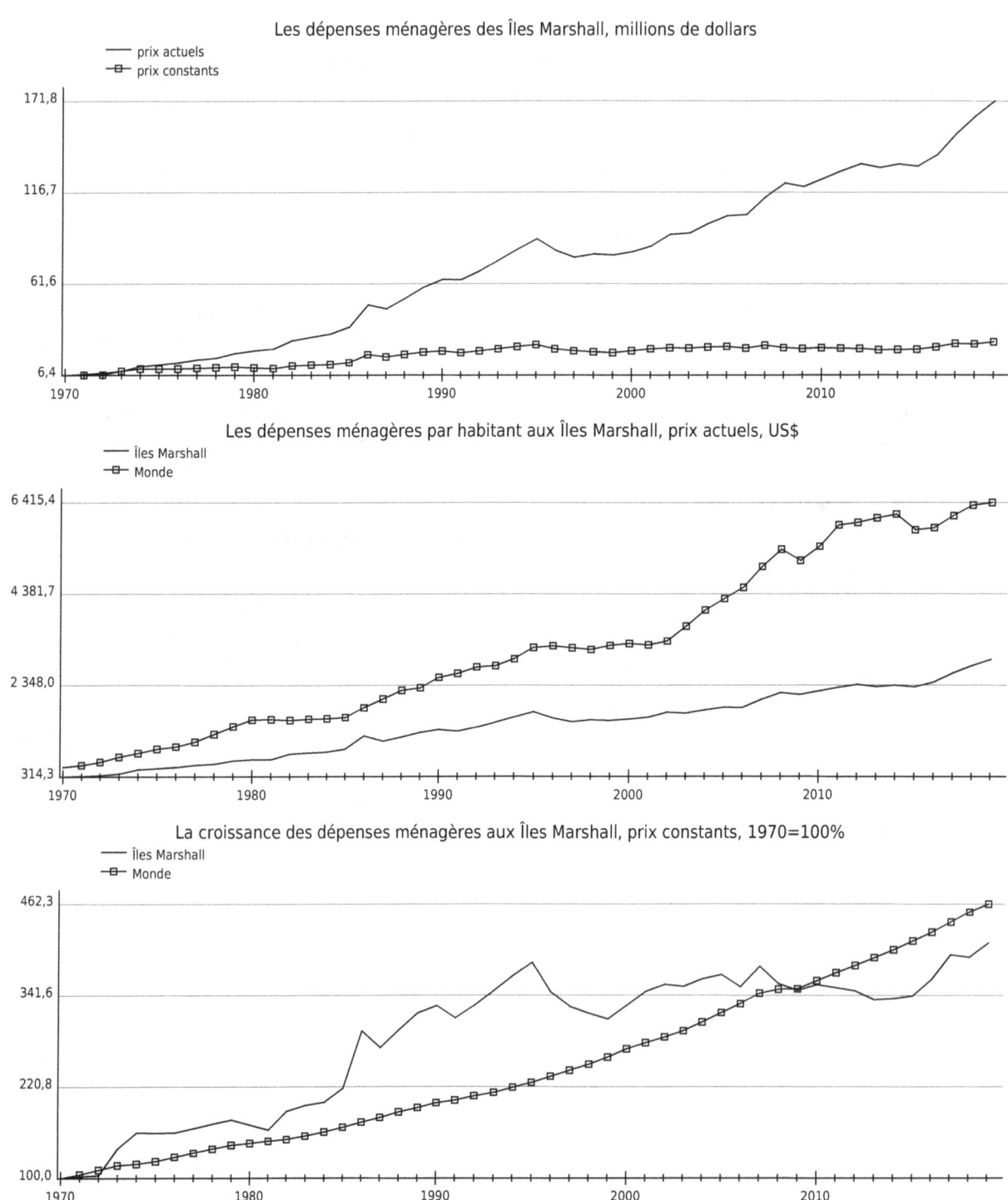

Chapitre XIII. Dépenses ménagères

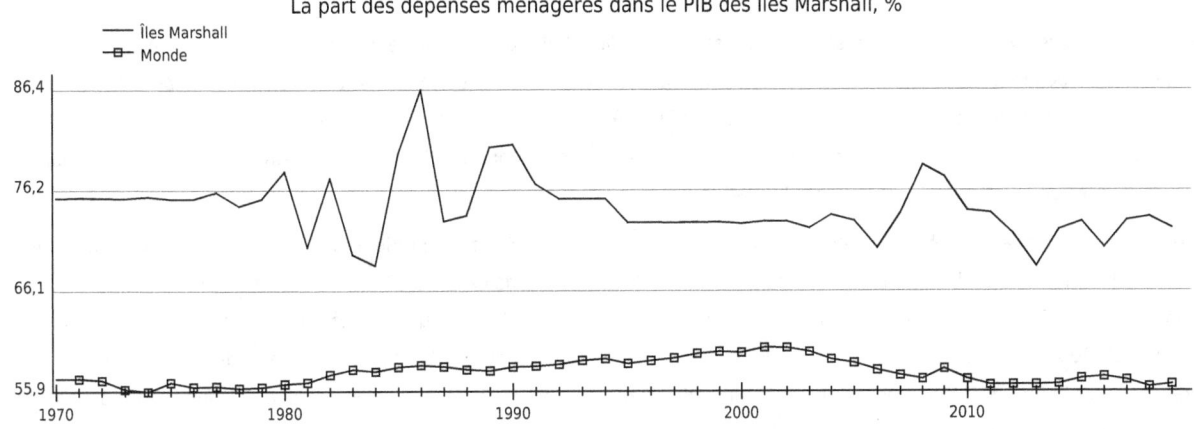

Les années 1970

Les dépenses ménagères des Îles Marshall étaient de 12,0 millions de dollars par an dans les années 1970, se situant au 180ème rang mondial. La part dans le monde était de 0,0003% et de 0,018% en Océanie.

La part des dépenses ménagères dans le PIB des Îles Marshall était de 75,4% dans les années 1970, au 51ème rang mondial, à égalité avec Micronésie (75,2%), le Rwanda (75,7%), la Barbade (75,7%).

Les dépenses ménagères par habitant aux Îles Marshall étaient de 479.6 dollars dans les années 1970, se situant au 100ème rang mondial, à égalité avec la Tunisie (483,9 de dollars), l'Algérie (469,7 de dollars), la Mélanésie (467,9 de dollars). Les dépenses ménagères par habitant aux Îles Marshall étaient 47,6% inférieures les dépenses ménagères par habitant au Monde (914,8 US$), et 6,3 fois inférieures les dépenses ménagères par habitant en Océanie (3 038,8 US$).

La croissance des dépenses ménagères aux Îles Marshall était de 6.5% dans les années 1970, au 43ème rang mondial, à égalité avec l'Asie de l'Ouest (6,5%), Micronésie (6,6%). La croissance des dépenses ménagères aux Îles Marshall (6,5%) a été supérieure à celle du monde (4,1%), et supérieure à celle de l'Océanie (3,1%).

Comparaison avec les voisins. Les dépenses ménagères des Îles Marshall étaient inférieures à celles des États fédérés de Micronésie (32,1 millions de dollars), des Kiribati (23,4 millions de dollars) et de Nauru (13,6 millions de dollars). Les dépenses ménagères par habitant aux Îles Marshall étaient supérieures à celles des Kiribati (426,4 de dollars); mais inférieures à celles de Nauru (1 913,6 de dollars) et des États fédérés de Micronésie (498,8 de dollars). La croissance des dépenses ménagères aux Îles Marshall était supérieure à celle des Kiribati (3,2%) et de Nauru (0,84%); mais inférieure à celle des États fédérés de Micronésie (6,6%).

Comparaison avec les leaders. Les dépenses ménagères des Îles Marshall étaient inférieures à celles des États-Unis (1,0 billions de dollars), de l'URSS (310,6 milliards de dollars), du Japon (280,9 milliards de dollars), de l'Allemagne (277,8 milliards de dollars) et de la France (180,7 milliards de dollars). Les dépenses ménagères par habitant aux Îles Marshall étaient inférieures à celles des États-Unis (4 744,5 de dollars), de l'Allemagne (3 527,2 de dollars), de la France (3 371,0 de dollars), du Japon (2 523,0 de dollars) et de l'URSS (1 231,6 de dollars). La croissance des dépenses ménagères aux Îles Marshall était supérieure à celle du Japon (5,1%), de l'URSS (4,7%), de la France (4,0%), des États-Unis (3,6%) et de l'Allemagne (3,6%).

Les années 1980

Les dépenses ménagères des Îles Marshall étaient de 37,4 millions de dollars par an dans les années 1980, se situant au 179ème rang mondial. La part dans le monde était de 0,0004% et de 0,026% en Océanie.

La part des dépenses ménagères dans le PIB des Îles Marshall était de 76,2% dans les années 1980, se situant au 44ème rang mondial, à égalité avec la Colombie (76,2%), Djibouti (75,8%), le Burundi (76,6%).

Les dépenses ménagères par habitant aux Îles Marshall étaient de 988.9 dollars dans les années 1980, se classant au 98ème rang mondial, à égalité avec le Belize (995,9 de dollars), la Malaisie (1 000,0 de dollars), la Jamaïque (977,5 de dollars). Les dépenses ménagères par habitant aux Îles Marshall étaient 45,3% inférieures les dépenses ménagères par habitant au Monde (1 808,0 US$), et 5,9 fois inférieures les dépenses ménagères par habitant en Océanie (5 842,6 US$).

La croissance des dépenses ménagères aux Îles Marshall était de 6% dans les années 1980, au 24ème rang mondial, à égalité avec le Cap-Vert (6,0%), Chypre (6,1%). La croissance des dépenses ménagères aux Îles Marshall (6,0%) a été supérieure à celle du monde

(3,0%), et supérieure à celle de l'Océanie (3,1%).

Comparaison avec les voisins. Les dépenses ménagères des Îles Marshall étaient inférieures à celles des États fédérés de Micronésie (78,7 millions de dollars), de Nauru (43,3 millions de dollars) et des Kiribati (39,5 millions de dollars). Les dépenses ménagères par habitant aux Îles Marshall étaient supérieures à celles des ÉFM (937,8 de dollars) et des Kiribati (615,4 de dollars); mais inférieures à celles de Nauru (5 123,8 de dollars). La croissance des dépenses ménagères aux Îles Marshall était supérieure à celle de Nauru (4,6%), des États fédérés de Micronésie (2,9%) et des Kiribati (1,9%).

Comparaison avec les leaders. Les dépenses ménagères des Îles Marshall étaient inférieures à celles des États-Unis (2,6 billions de dollars), du Japon (945,6 milliards de dollars), de l'Allemagne (575,7 milliards de dollars), de l'URSS (424,6 milliards de dollars) et du Royaume-Uni (416,5 milliards de dollars). Les dépenses ménagères par habitant aux Îles Marshall étaient inférieures à celles des États-Unis (10 904,4 de dollars), du Japon (7 796,6 de dollars), de l'Allemagne (7 378,3 de dollars), du Royaume-Uni (7 376,3 de dollars) et de l'URSS (1 542,8 de dollars). La croissance des dépenses ménagères aux Îles Marshall était supérieure à celle du Japon (3,7%), du Royaume-Uni (3,5%), des États-Unis (3,2%), de l'URSS (3,0%) et de l'Allemagne (1,8%).

Les années 1990

Les dépenses ménagères des Îles Marshall étaient de 76,1 millions de dollars par an dans les années 1990, se situant au 201ème rang mondial. La part dans le monde était de 0,0005% et de 0,029% en Océanie.

La part des dépenses ménagères dans le PIB des Îles Marshall était de 74,6% dans les années 1990, au 56ème rang mondial, à égalité avec le Kenya (74,6%), le Niger (74,7%), l'Uruguay (74,7%).

Les dépenses ménagères par habitant aux Îles Marshall étaient de 1531 dollars dans les années 1990, se classant au 95ème rang mondial, à égalité avec la Lituanie (1 513,8 de dollars), la République dominicaine (1 510,1 de dollars), la Lettonie (1 558,8 de dollars). Les dépenses ménagères par habitant aux Îles Marshall étaient 48,3% inférieures les dépenses ménagères par habitant au Monde (2 963,9 US$), et 5,8 fois inférieures les dépenses ménagères par habitant en Océanie (8 928,2 US$).

La croissance des dépenses ménagères aux Îles Marshall était de -0.3% dans les années 1990, au 168ème rang mondial. La croissance des dépenses ménagères aux Îles Marshall (-0,26%) a été inférieure à celle du monde (3,0%), et inférieure à celle de l'Océanie (3,2%).

Comparaison avec les voisins. Les dépenses ménagères des Îles Marshall étaient supérieures à celles des Kiribati (47,9 millions de dollars) et de Nauru (32,4 millions de dollars); mais inférieures à celles des États fédérés de Micronésie (153,3 millions de dollars). Les dépenses ménagères par habitant aux Îles Marshall étaient supérieures à celles des États fédérés de Micronésie (1 464,4 de dollars) et des Kiribati (618,5 de dollars); mais inférieures à celles de Nauru (3 145,0 de dollars). La croissance des dépenses ménagères aux Îles Marshall était supérieure à celle des Kiribati (-1,9%) et de Nauru (-14,0%); mais inférieure à celle des ÉFM (2,0%).

Comparaison avec les leaders. Les dépenses ménagères des Îles Marshall étaient inférieures à celles des États-Unis (4,9 billions de dollars), du Japon (2,3 billions de dollars), de l'Allemagne (1,2 billions de dollars), du Royaume-Uni (884,5 milliards de dollars) et de la France (783,0 milliards de dollars). Les dépenses ménagères par habitant aux Îles Marshall étaient inférieures à celles des États-Unis (18 538,8 de dollars), du Japon (18 170,3 de dollars), du Royaume-Uni (15 280,6 de dollars), de l'Allemagne (15 158,9 de dollars) et de la France (13 185,2 de dollars). La croissance des dépenses ménagères aux Îles Marshall était inférieure à celle des États-Unis (3,4%), du Royaume-Uni (2,8%), de l'Allemagne (2,1%), du Japon (1,8%) et de la France (1,8%).

Les années 2000

Les dépenses ménagères des Îles Marshall étaient de 100,9 millions de dollars par an dans les années 2000, au 205ème rang mondial à égalité avec les Kiribati (102,2 millions de dollars). La part dans le monde était de 0,0004% et de 0,021% en Océanie.

La part des dépenses ménagères dans le PIB des Îles Marshall était de 74,0% dans les années 2000, se classant au 67ème rang mondial, à égalité avec les Philippines (74,1%), l'Ouganda (73,9%), l'Égypte (73,8%).

Les dépenses ménagères par habitant aux Îles Marshall étaient de 1861.2 dollars dans les années 2000, se classant au 120ème rang mondial, à égalité avec le Pérou (1 865,7 de dollars), la Micronésie (1 873,3 de dollars), la Jordanie (1 892,1 de dollars). Les dépenses ménagères par habitant aux Îles Marshall étaient 2,3 fois inférieures les dépenses ménagères par habitant au Monde (4 208,2 US$), et 7,7 fois inférieures les dépenses ménagères par habitant en Océanie (14 250,8 US$).

La croissance des dépenses ménagères aux Îles Marshall était de 1.2% dans les années 2000, se classant au 186ème rang mondial. La

Chapitre XIII. Dépenses ménagères

croissance des dépenses ménagères aux Îles Marshall (1,2%) a été inférieure à celle du monde (3,0%), et inférieure à celle de l'Océanie (3,6%).

Comparaison avec les voisins. Les dépenses ménagères des Îles Marshall étaient supérieures à celles de Nauru (27,7 millions de dollars); mais inférieures à celles des ÉFM (183,8 millions de dollars) et des Kiribati (102,2 millions de dollars). Les dépenses ménagères par habitant aux Îles Marshall étaient supérieures à celles des ÉFM (1 738,3 de dollars) et des Kiribati (1 110,6 de dollars); mais inférieures à celles de Nauru (2 773,2 de dollars). La croissance des dépenses ménagères aux Îles Marshall était supérieure à celle des États fédérés de Micronésie (0,64%) et de Nauru (0,43%); mais inférieure à celle des Kiribati (3,6%).

Comparaison avec les leaders. Les dépenses ménagères des Îles Marshall étaient inférieures à celles des États-Unis (8,5 billions de dollars), du Japon (2,6 billions de dollars), de l'Allemagne (1,5 billions de dollars), du Royaume-Uni (1,5 billions de dollars) et de la France (1,1 billions de dollars). Les dépenses ménagères par habitant aux Îles Marshall étaient inférieures à celles des États-Unis (28 799,1 de dollars), du Royaume-Uni (24 959,3 de dollars), du Japon (20 355,9 de dollars), de l'Allemagne (18 912,2 de dollars) et de la France (18 146,8 de dollars). La croissance des dépenses ménagères aux Îles Marshall était supérieure à celle du Japon (0,81%) et de l'Allemagne (0,46%); mais inférieure à celle des États-Unis (2,4%), du Royaume-Uni (2,1%) et de la France (2,0%).

Les années 2010

Les dépenses ménagères des Îles Marshall étaient de 141,2 millions de dollars par an dans les années 2010, se classant au 206ème rang mondial. La part dans le monde était de 0,0003% et de 0,015% en Océanie.

La part des dépenses ménagères dans le PIB des Îles Marshall était de 72,3% dans les années 2010, au 65ème rang mondial, à égalité avec la Serbie (72,4%), l'Est (72,2%), la Somalie (72,6%).

Les dépenses ménagères par habitant aux Îles Marshall étaient de 2460.1 dollars dans les années 2010, se situant au 134ème rang mondial, à égalité avec le Sri Lanka (2 512,7 de dollars). Les dépenses ménagères par habitant aux Îles Marshall étaient 2,4 fois inférieures les dépenses ménagères par habitant au Monde (6 018,5 US$), et 9,8 fois inférieures les dépenses ménagères par habitant en Océanie (24 058,7 US$).

La croissance des dépenses ménagères aux Îles Marshall était de 1.7% dans les années 2010, se classant au 153ème rang mondial. La croissance des dépenses ménagères aux Îles Marshall (1,7%) a été inférieure à celle du monde (2,8%), et inférieure à celle de l'Océanie (2,3%).

Comparaison avec les voisins. Les dépenses ménagères des Îles Marshall étaient 23,9% supérieures à celles de Nauru (114,0 millions de dollars); mais 40,8% inférieures à celles des ÉFM (238,6 millions de dollars) et 22,0% inférieures à celles des Kiribati (181,1 millions de dollars). Les dépenses ménagères par habitant aux Îles Marshall étaient 11,5% supérieures à celles des États fédérés de Micronésie (2 206,4 de dollars) et 49,7% supérieures à celles des Kiribati (1 643,2 de dollars); mais 4,5 fois inférieures à celles de Nauru (11 006,2 de dollars). La croissance des dépenses ménagères aux Îles Marshall était supérieure à celle des États fédérés de Micronésie (-0,38%); mais inférieure à celle de Nauru (10,8%) et des Kiribati (3,1%).

Comparaison avec les leaders. Les dépenses ménagères des Îles Marshall étaient 86 318,3 fois inférieures à celles des États-Unis (12,2 billions de dollars), 27 820,3 fois inférieures à celles de la Chine (3,9 billions de dollars), 21 150,3 fois inférieures à celles du Japon (3,0 billions de dollars), 13 865,5 fois inférieures à celles de l'Allemagne (2,0 billions de dollars) et 12 616,0 fois inférieures à celles du Royaume-Uni (1,8 billions de dollars). Les dépenses ménagères par habitant aux Îles Marshall étaient 15,5 fois inférieures à celles des États-Unis (38 161,2 de dollars), 11,0 fois inférieures à celles du Royaume-Uni (27 164,8 de dollars), 9,7 fois inférieures à celles de l'Allemagne (23 925,0 de dollars), 9,5 fois inférieures à celles du Japon (23 352,2 de dollars) et 12,2% inférieures à celles de la Chine (2 801,9 de dollars). La croissance des dépenses ménagères aux Îles Marshall était supérieure à celle de l'Allemagne (1,4%) et du Japon (0,64%); mais inférieure à celle de la Chine (8,3%), des États-Unis (2,4%) et du Royaume-Uni (1,8%).

Partie V. Reproduction

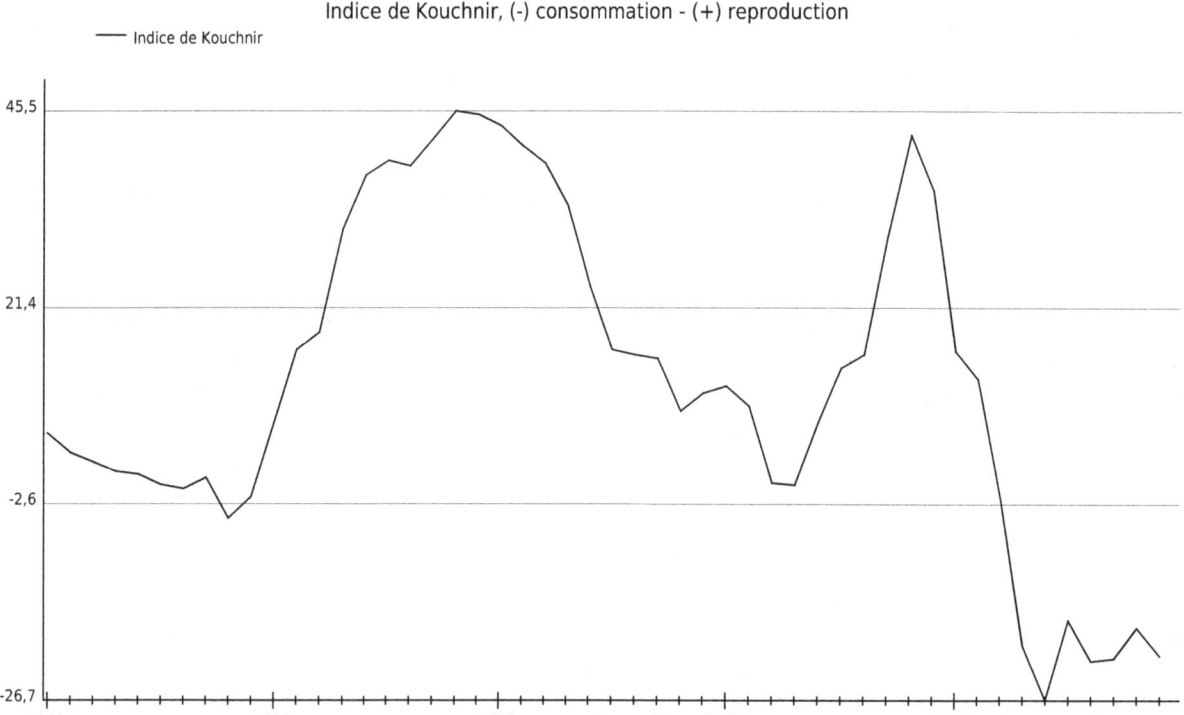

Chapitre XIV. Formation de capital fixe

Formation brute de capital fixe

La formation de capital des Îles Marshall est passé de 2,4 millions de dollars par an dans les années 1970 à 43,1 millions de dollars par an dans les années 2010, c'est-à-dire 40,7 millions de dollars ou de 17,9 fois. La variation a été de 32,4 millions de dollars en raison de l'augmentation de 4,0 fois des prix, et de 5,1 millions de dollars en raison de la croissance du taux par habitant de 1,9 fois, et de 3,1 millions de dollars en raison de la croissance démographique. La croissance annuelle moyenne de la formation brute de capital fixe était de 4,2%. La valeur minimale était de 1,3 millions de dollars en 1970. La valeur maximale était de 72,3 millions de dollars en 2010.

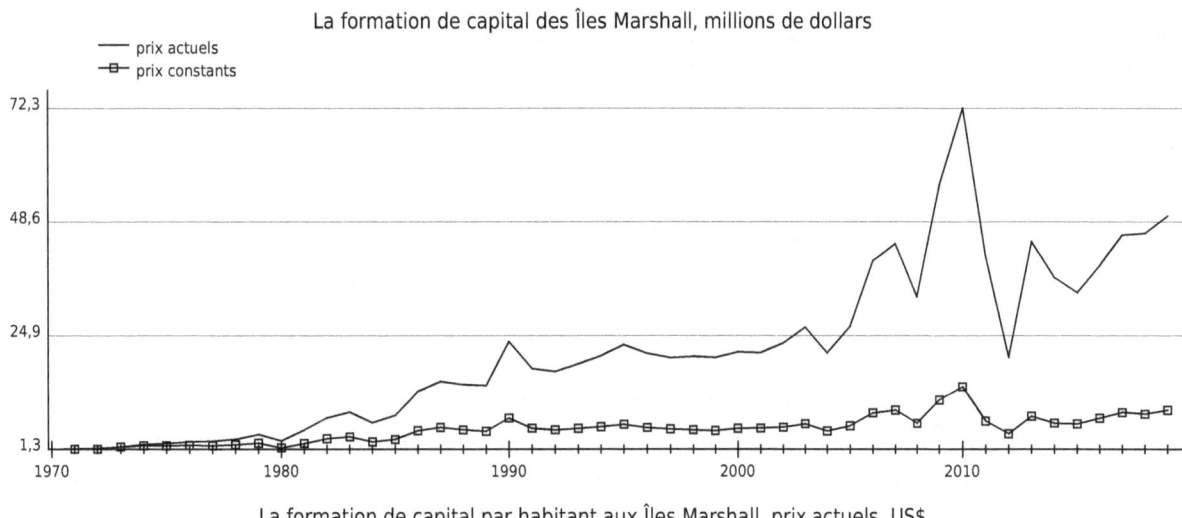

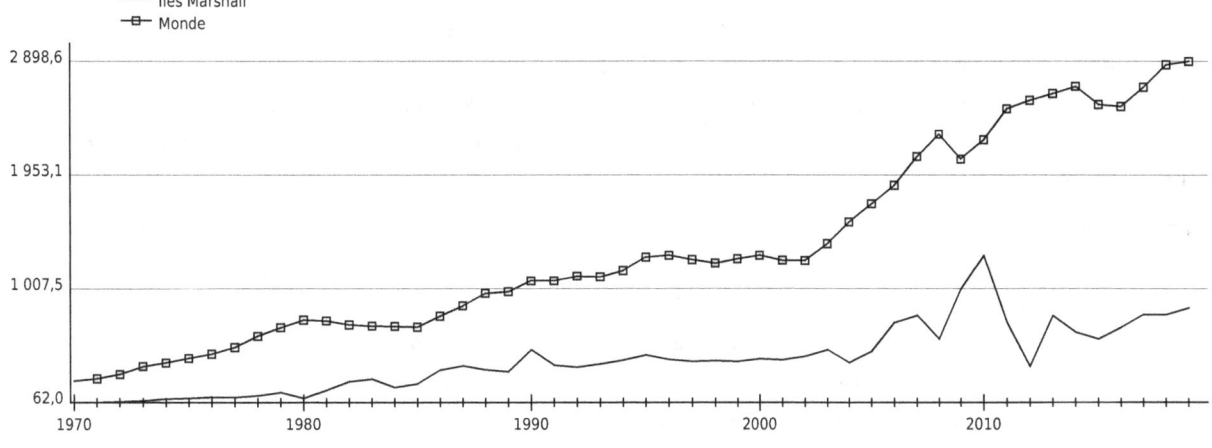

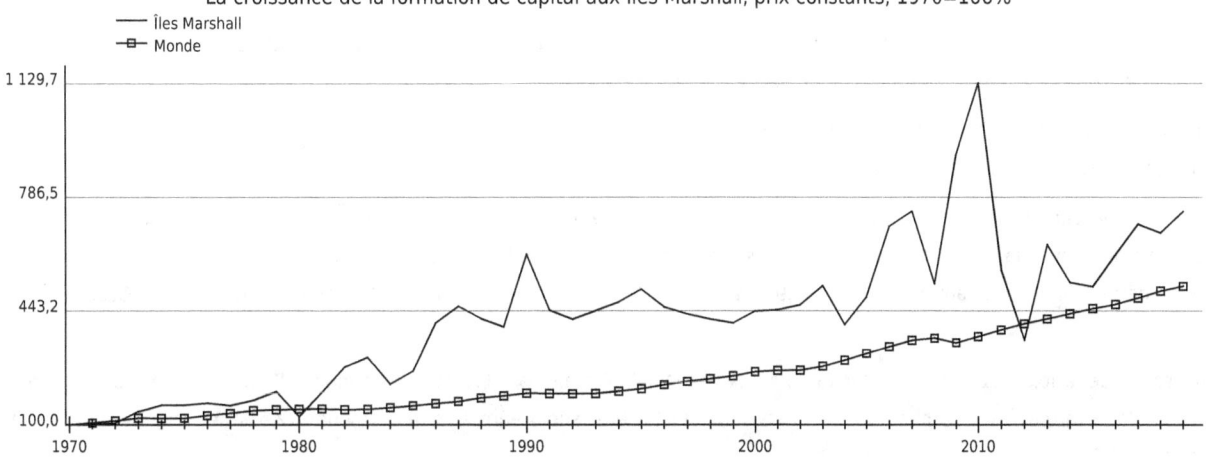

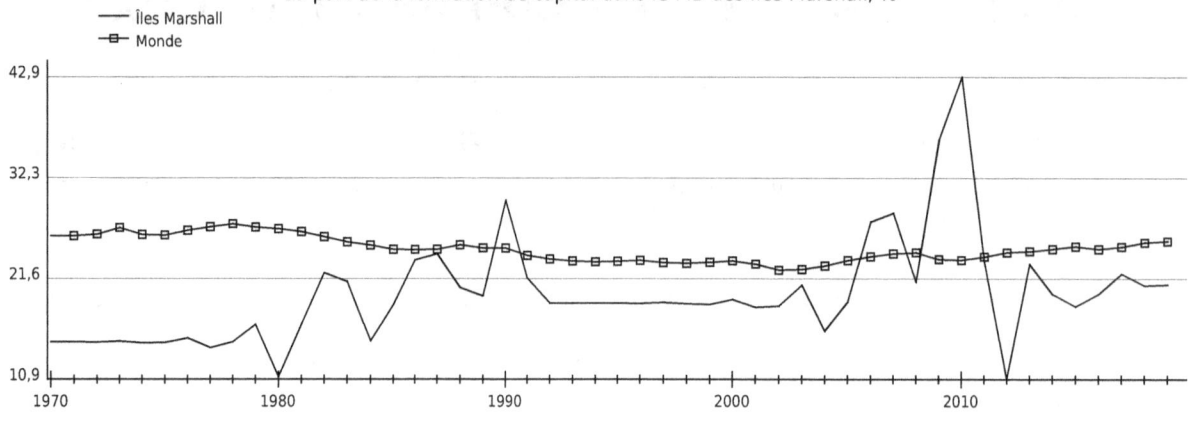

La part de la formation de capital dans le PIB des Îles Marshall, %

Les années 1970

La formation de capital des Îles Marshall était de 2,4 millions de dollars par an dans les années 1970, se situant au 183ème rang mondial. La part dans le monde était de 0,0001% et de 0,0078% en Océanie.

La part de la formation de capital dans le PIB des Îles Marshall était de 15,1% dans les années 1970, au 149ème rang mondial.

La formation de capital fixe par habitant aux Îles Marshall était de 96.2 dollars dans les années 1970, se classant au 135ème rang mondial, à égalité avec les Tonga (97,1 de dollars), la Guinée-Bissau (97,8 de dollars), la Dominique (98,1 de dollars). La formation de capital fixe par habitant aux Îles Marshall était 4,5 fois inférieure la formation de capital fixe par habitant au Monde (433,5 US$), et 14,9 fois inférieure la formation de capital par habitant en Océanie (1 437,8 US$).

La croissance de la formation de capital aux Îles Marshall était de 7.9% dans les années 1970, se classant au 62ème rang mondial, à égalité avec Macao (7,9%). La croissance de la formation de capital aux Îles Marshall (7,9%) a été supérieure à celle du monde (4,2%), et supérieure à celle de l'Océanie (2,6%).

Comparaison avec les voisins. La formation de capital des Îles Marshall était inférieure à celle des États fédérés de Micronésie (13,6 millions de dollars), des Kiribati (5,7 millions de dollars) et de Nauru (3,4 millions de dollars). La formation de capital fixe par habitant aux Îles Marshall était inférieure à celle de Nauru (475,4 de dollars), des États fédérés de Micronésie (210,9 de dollars) et des Kiribati (104,0 de dollars). La croissance de la formation brute de capital fixe aux Îles Marshall était supérieure à celle des ÉFM (6,6%); mais inférieure à celle des Kiribati (14,1%) et de Nauru (11,5%).

Comparaison avec les leaders. La formation de capital des Îles Marshall était inférieure à celle des États-Unis (381,9 milliards de dollars), de l'URSS (214,6 milliards de dollars), du Japon (191,6 milliards de dollars), de l'Allemagne (125,8 milliards de dollars) et de la France (82,9 milliards de dollars). La formation de capital par habitant aux Îles Marshall était inférieure à celle des États-Unis (1 750,0 de dollars), du Japon (1 720,7 de dollars), de l'Allemagne (1 597,2 de dollars), de la France (1 545,4 de dollars) et de l'URSS (850,9 de dollars). La croissance de la formation brute de capital fixe aux Îles Marshall était supérieure à celle des États-Unis (4,4%), du Japon (3,9%), de l'URSS (3,2%), de la France (2,7%) et de l'Allemagne (1,5%).

Les années 1980

La formation de capital des Îles Marshall était de 9,8 millions de dollars par an dans les années 1980, se classant au 181ème rang mondial. La part dans le monde était de 0,0003% et de 0,014% en Océanie.

La part de la formation de capital dans le PIB des Îles Marshall était de 20,0% dans les années 1980, au 122ème rang mondial, à égalité avec Malte (20,0%), le Belize (20,2%), la Nouvelle-Calédonie (20,2%).

La formation de capital par habitant aux Îles Marshall était de 259.9 dollars dans les années 1980, se classant au 117ème rang mondial, à égalité avec la Thaïlande (264,7 de dollars). La formation de capital par habitant aux Îles Marshall était 3,0 fois inférieure la formation de capital par habitant au Monde (790,9 US$), et 10,9 fois inférieure la formation de capital par habitant en Océanie (2 826,6 US$).

La croissance de la formation brute de capital fixe aux Îles Marshall était de 7.1% dans les années 1980, au 25ème rang mondial. La croissance de la formation de capital aux Îles Marshall (7,1%) a été supérieure à celle du monde (2,5%), et supérieure à celle de l'Océanie (4,9%).

Chapitre XIV. Formation de capital fixe

Comparaison avec les voisins. La formation de capital des Îles Marshall était inférieure à celle des ÉFM (33,3 millions de dollars), de Nauru (18,8 millions de dollars) et des Kiribati (17,1 millions de dollars). La formation de capital fixe par habitant aux Îles Marshall était inférieure à celle de Nauru (2 222,3 de dollars), des États fédérés de Micronésie (396,5 de dollars) et des Kiribati (266,6 de dollars). La croissance de la formation brute de capital fixe aux Îles Marshall était supérieure à celle de Nauru (5,6%), des Kiribati (3,0%) et des ÉFM (2,9%).

Comparaison avec les leaders. La formation de capital fixe des Îles Marshall était inférieure à celle des États-Unis (958,4 milliards de dollars), du Japon (571,7 milliards de dollars), de l'URSS (271,0 milliards de dollars), de l'Allemagne (238,1 milliards de dollars) et de la France (164,3 milliards de dollars). La formation de capital fixe par habitant aux Îles Marshall était inférieure à celle du Japon (4 713,7 de dollars), des États-Unis (4 002,1 de dollars), de l'Allemagne (3 052,1 de dollars), de la France (2 907,7 de dollars) et de l'URSS (984,8 de dollars). La croissance de la formation de capital aux Îles Marshall était supérieure à celle du Japon (4,8%), des États-Unis (3,1%), de la France (2,4%), de l'URSS (1,7%) et de l'Allemagne (1,4%).

Les années 1990

La formation de capital fixe des Îles Marshall était de 20,5 millions de dollars par an dans les années 1990, se classant au 203ème rang mondial à égalité avec les Kiribati (20,7 millions de dollars). La part dans le monde était de 0,0003% et de 0,019% en Océanie.

La part de la formation brute de capital fixe dans le PIB des Îles Marshall était de 20,1% dans les années 1990, au 124ème rang mondial, à égalité avec l'Italie (20,1%), la République dominicaine (20,0%), le Mexique (20,0%).

La formation de capital par habitant aux Îles Marshall était de 411.5 dollars dans les années 1990, se situant au 111ème rang mondial, à égalité avec la Biélorussie (414,1 de dollars), la Namibie (416,8 de dollars), les Tonga (405,0 de dollars). La formation de capital fixe par habitant aux Îles Marshall était 2,9 fois inférieure la formation de capital par habitant au Monde (1 183,8 US$), et 9,0 fois inférieure la formation de capital par habitant en Océanie (3 689,1 US$).

La croissance de la formation de capital aux Îles Marshall était de 0.3% dans les années 1990, se classant au 150ème rang mondial. La croissance de la formation de capital aux Îles Marshall (0,29%) a été inférieure à celle du monde (2,8%), et inférieure à celle de l'Océanie (3,9%).

Comparaison avec les voisins. La formation de capital fixe des Îles Marshall était supérieure à celle de Nauru (14,0 millions de dollars); mais inférieure à celle des ÉFM (64,8 millions de dollars) et des Kiribati (20,7 millions de dollars). La formation de capital fixe par habitant aux Îles Marshall était supérieure à celle des Kiribati (266,8 de dollars); mais inférieure à celle de Nauru (1 356,7 de dollars) et des ÉFM (619,2 de dollars). La croissance de la formation de capital aux Îles Marshall était supérieure à celle des Kiribati (-1,9%) et de Nauru (-14,0%); mais inférieure à celle des ÉFM (2,0%).

Comparaison avec les leaders. La formation de capital des Îles Marshall était inférieure à celle des États-Unis (1,6 billions de dollars), du Japon (1,3 billions de dollars), de l'Allemagne (520,7 milliards de dollars), de la France (299,3 milliards de dollars) et du Royaume-Uni (250,0 milliards de dollars). La formation de capital par habitant aux Îles Marshall était inférieure à celle du Japon (10 425,9 de dollars), de l'Allemagne (6 456,6 de dollars), des États-Unis (6 067,2 de dollars), de la France (5 039,5 de dollars) et du Royaume-Uni (4 319,1 de dollars). La croissance de la formation brute de capital fixe aux Îles Marshall était supérieure à celle du Japon (0,18%); mais inférieure à celle des États-Unis (4,8%), de l'Allemagne (2,4%), du Royaume-Uni (1,7%) et de la France (1,5%).

Les années 2000

La formation de capital fixe des Îles Marshall était de 31,5 millions de dollars par an dans les années 2000, se classant au 205ème rang mondial à égalité avec Sao Tomé-et-Principe (32,3 millions de dollars). La part dans le monde était de 0,0003% et de 0,014% en Océanie.

La part de la formation brute de capital fixe dans le PIB des Îles Marshall était de 23,1% dans les années 2000, se classant au 105ème rang mondial, à égalité avec la Finlande (23,1%), la Géorgie (23,1%), l'Ukraine (23,1%).

La formation de capital fixe par habitant aux Îles Marshall était de 580.7 dollars dans les années 2000, se classant au 128ème rang mondial, à égalité avec l'Azerbaïdjan (584,3 de dollars), l'Angola (593,9 de dollars), les Fidji (566,6 de dollars). La formation de capital fixe par habitant aux Îles Marshall était 2,9 fois inférieure la formation de capital fixe par habitant au Monde (1 690,7 US$), et 11,4 fois inférieure la formation de capital par habitant en Océanie (6 596,9 US$).

La croissance de la formation brute de capital fixe aux Îles Marshall était de 8.4% dans les années 2000, se classant au 59ème rang mondial, à égalité avec le Timor oriental (8,4%), la Mélanésie (8,4%). La croissance de la formation de capital aux Îles Marshall (8,4%) a été supérieure à celle du monde (3,5%), et supérieure à celle de l'Océanie (5,0%).

Comparaison avec les voisins. La formation de capital fixe des Îles Marshall était supérieure à celle de Nauru (12,0 millions de dollars); mais inférieure à celle des ÉFM (77,7 millions de dollars) et des Kiribati (44,1 millions de dollars). La formation de capital fixe par habitant aux Îles Marshall était supérieure à celle des Kiribati (479,1 de dollars); mais inférieure à celle de Nauru (1 196,3 de dollars) et des États fédérés de Micronésie (735,0 de dollars). La croissance de la formation de capital aux Îles Marshall était supérieure à celle des Kiribati (3,6%), des ÉFM (0,64%) et de Nauru (0,43%).

Comparaison avec les leaders. La formation de capital des Îles Marshall était inférieure à celle des États-Unis (2,8 billions de dollars), du Japon (1,2 billions de dollars), de la Chine (1,0 billions de dollars), de l'Allemagne (557,7 milliards de dollars) et de la France (463,9 milliards de dollars). La formation de capital fixe par habitant aux Îles Marshall était inférieure à celle des États-Unis (9 376,4 de dollars), du Japon (8 981,8 de dollars), de la France (7 386,7 de dollars), de l'Allemagne (6 851,1 de dollars) et de la Chine (782,2 de dollars). La croissance de la formation de capital aux Îles Marshall était supérieure à celle de la France (1,6%), des États-Unis (0,43%), de l'Allemagne (-0,56%) et du Japon (-2,0%); mais inférieure à celle de la Chine (13,4%).

Les années 2010

La formation de capital fixe des Îles Marshall était de 43,1 millions de dollars par an dans les années 2010, au 207ème rang mondial. La part dans le monde était de 0,0002% et de 0,010% en Océanie.

La part de la formation brute de capital fixe dans le PIB des Îles Marshall était de 22,0% dans les années 2010, se classant au 118ème rang mondial, à égalité avec l'Amérique centrale (22,0%), la Hongrie (22,1%), la Nouvelle-Zélande (22,1%).

La formation de capital par habitant aux Îles Marshall était de 750 dollars dans les années 2010, se classant au 139ème rang mondial. La formation de capital par habitant aux Îles Marshall était 3,5 fois inférieure la formation de capital par habitant au Monde (2 621,1 US$), et 14,1 fois inférieure la formation de capital fixe par habitant en Océanie (10 543,6 US$).

La croissance de la formation de capital aux Îles Marshall était de -2% dans les années 2010, se classant au 188ème rang mondial. La croissance de la formation brute de capital fixe aux Îles Marshall (-2,0%) a été inférieure à celle du monde (4,1%), et inférieure à celle de l'Océanie (1,3%).

Comparaison avec les voisins. La formation de capital des Îles Marshall était 2,3 fois inférieure à celle des États fédérés de Micronésie (100,9 millions de dollars), 44,9% inférieure à celle des Kiribati (78,1 millions de dollars) et 12,4% inférieure à celle de Nauru (49,2 millions de dollars). La formation de capital par habitant aux Îles Marshall était 5,8% supérieure à celle des Kiribati (708,8 de dollars); mais 6,3 fois inférieure à celle de Nauru (4 748,0 de dollars) et 19,6% inférieure à celle des ÉFM (932,9 de dollars). La croissance de la formation de capital aux Îles Marshall était inférieure à celle de Nauru (10,8%), des Kiribati (3,1%) et des ÉFM (-0,38%).

Comparaison avec les leaders. La formation de capital des Îles Marshall était 105 032,4 fois inférieure à celle de la Chine (4,5 billions de dollars), 83 581,3 fois inférieure à celle des États-Unis (3,6 billions de dollars), 28 105,3 fois inférieure à celle du Japon (1,2 billions de dollars), 17 475,7 fois inférieure à celle de l'Allemagne (752,5 milliards de dollars) et 16 181,2 fois inférieure à celle de l'Inde (696,8 milliards de dollars). La formation de capital par habitant aux Îles Marshall était 40,1% supérieure à celle de l'Inde (535,2 de dollars); mais 15,0 fois inférieure à celle des États-Unis (11 264,9 de dollars), 12,6 fois inférieure à celle du Japon (9 460,2 de dollars), 12,3 fois inférieure à celle de l'Allemagne (9 192,9 de dollars) et 4,3 fois inférieure à celle de la Chine (3 224,9 de dollars). La croissance de la formation de capital aux Îles Marshall était inférieure à celle de la Chine (8,0%), de l'Inde (5,8%), des États-Unis (3,8%), de l'Allemagne (2,8%) et du Japon (1,8%).